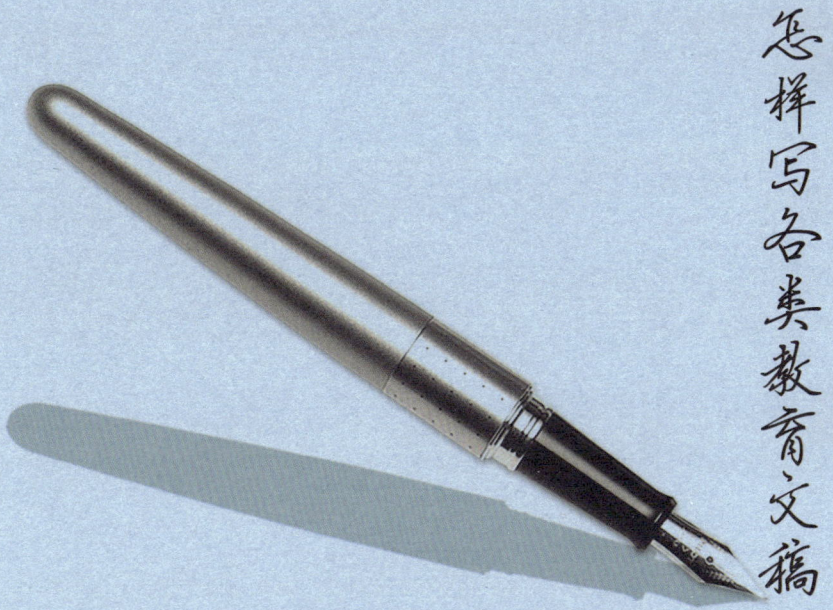

师能

怎样写各类教育文稿

姚卫伟 著

江苏凤凰教育出版社
Phoenix Education Publishing, Ltd

前　言

为什么写这本书

我的文稿撰写经历始于1973年，多年来，因工作、学校及社会需求，我撰写过几乎所有类别的教育文稿，包括新闻、调查报告、人物通讯、电视专题、经验总结、项目申报、专题报告、颁奖词、大型活动串词、校园文化设计、学校文化解读……近几年来，这样的需求并没有减少，反而更多了。一方面，我为师训、干训班学员上课，讲授包括教学论文在内的各类教育文稿的撰写方法及要领；另一方面，许多教育界的朋友建议我将各类教育文稿的撰写方法及要领写出来。谈写作方法的书已经有很多了，但专门谈各类教育文稿撰写的书应该很少；教科书般的介绍写作方法的书已经很多了，但完全用案例，具体地、形象地作正反对比分析的书应该不多。书中所用案例都是我亲手撰写或参与修改的，相信通过过程与场景的呈现，读者，特别是从事教育工作的读者会产生共鸣。

各种类别的教育文稿，通常被定义为"实用类文体"。我在这里不讨论文体分类问题，只是我认为，各类教育文稿不是一个"实用类文体"所能包含得了的。比如演讲稿，应以说理为主，那就是议论文；而有的演讲稿激情澎湃，有浓郁的抒情风格，表达方式上几近于散文。再如教育科研成果申报材料的撰写，考验的是申报人的概括提炼能力，特别是"成果概要"一栏中的500个字，撰写难度颇大。

如果宕开去说几句，让人想起一位著名医学家讲过的：不管是学什么专业的，不管是做什么工作的，都要练好基本功。在我看来，最重要的基本功就是学好语文。近年来,我接触到的基础教育成果奖申报文稿的撰写或修改,教师的普遍困难是不会概括提炼。而概括提炼又是写好论文的基本功之一，任何学科的论文都少不了概括提炼，较强的概括提炼能力也就意味着较强的定义判断能力和较强的逻辑建构能力。我可以用更贴近一线教师的例子来说明概括提炼、定义判断和逻辑建构对表达思想的重要意义。2019年江苏省基础教育青年教师教学基本功大赛（小学语文）的总决赛在徐州举行，那次比赛的作文题目叫"我的语文观"。就一般要求而言，大多数选手写得不错，但若以高标准的要求来看，或者说以比赛、竞争的要求来看，一些选手则表现得不尽如人意。如一位选手在阐述他的语文观时讲了三个观点：一是"真正的语文教育要有德育的涵养"，二是"真正的语文教育要多读书"，三是"真正的语文教育要有创新意识"。这不能说不是一种概括提炼，但这是典型的粗放型概括提炼，精度不够，泛泛而谈，无关思考、无关观点、无关深刻，说了等于没说。这样的现象并不少见。

那么，如何通过比较有精度的概括提炼阐述真正的语文观呢？

我们先分析一下原稿的三个观点，也可以说是三个论点。"语文教育要有德育的涵养"，这话自然没有错，但数理化等学科也需要有德育的涵养；"多读书"更没有错，但何止语文教育，每个学科的教师都会要求学生多读书；至于说"创新意识"，那就更不是语文教育的"专利"了。

那么，怎样的概括提炼、定义判断才更有精度呢？我首先想到的就是"人民教育家"国家荣誉称号获得者于漪老师，她的语文观得到了许多人的认同，那就是"工具性与人文性的统一"。

这是区分语文学科与其他学科的关键点。那么，工具性和人文性又是什么呢？

工具性就是语言文字的应用。语文教材中的选文大都为优秀的文学作品，包括古代的、现代的、当代的。文学作品所反映的更多的是精神层面的内容，所以有人说文学非谋生之术，乃心灵之学。这就体现了语文的人文性。"文学乃人学"，文学与做人的联系无疑是非常紧密的。当然，中国的语文自然承载着中国的文化，文化传承也是语文教育的一项特质。如此分析后，我们便可通过概括提炼，给真正的语文教育下一个定义：

真正的语文教育是帮助学生正确掌握和熟练运用祖国语言文字的赋能教育。

真正的语文教育是要求学生不断学习和真挚热爱中国文化的传承教育。

真正的语文教育是始终给学生以美丽心灵向往的点亮教育。

真正的语文教育是让学生一生灵魂健全的唤醒教育。

真正的语文教育是让人成为人而不仅仅是某种人的博雅教育。

真正的语文教育还是要落实到"立德树人"的教育上来。

关于"我的语文观"的阐述，不是说原来的表达有什么错，而是表达的精度不够。表达精度往往取决于一个人的概括提炼能力。

常听一些教师感慨，自己上课没有问题，就是不会写文章。也有一些教师质疑：某某人只会写写文章，其实上课是不行的。

以上现象不能说没有，但把两者对立起来就不对了。文章是书面表达，上课是口头表达，区别肯定有，但上好一堂课与写好一篇文章也有很多相通的地方。它们不应该是矛盾的，更多应该是统一的。比如说，写好文章需要较强的概括提炼能力与逻辑建构能力（这个能力与概括提炼能力又是互为因果的），而较强的逻辑建构能力是有利于教师设计出有创意的课堂形态来的。

什么叫逻辑建构能力呢？比如有一名教师以"问题驱动打造课堂新样态"为题写一篇论文，全文分三个部分写：一是探究式课堂的构建策略，二是问题驱动的实践运用，三是多元评价学科育人。这样写不是说一定不行，但显得比较庞杂，小标题与小标题之间逻辑关联度弱。如果能抓住题目中的关键词"问题"，用逻辑建构能力将其概括提炼并生成小标题，效果马上便显现出来：一是内容问题化，二是问题层次化，三是层次结构化，四是结构样态化。如此的逻辑建构，让人印象深刻。

怎样提高概括提炼能力？怎么形成逻辑建构能力？怎样锤炼撰写各类教育文稿的必备能力、关键能力？本书将通过30个专题，用案例作对比，边分析边示范边讲解,从而给广大一线教师,也包括给从事教育行政工作的同志提供一些切实的帮助。

写作,也许不是一个理论问题,更多的应该是实践问题。方法可以有,捷径并不存在。萨特说:"行动吧,在行动的过程中就形成了自身……"实践与体验才能形成属于自己的文稿撰写能力。

目 录

写作能力与教师的职业能力 /1

写文章为什么要强化观点意识 /3

从废稿到优稿：九篇教学论文的重生 /7

怎样提炼教育教学的核心经验 /32

教育随笔不可随便写 /37

高质量文本是项目申报成功的关键 /43

校园文化设计创新及文本呈现 /49

解读学校文化，提升办学品质 /54

"成果奖"申报的五个关键点 /59

写竞争演讲稿要有冠军思维 /62

出彩演讲稿的情志与思想 /73

表格里的语言建构力 /77

练就三类语言表达 /80

怎样起草领导讲话稿 /82

重要规划的制订与撰写 /86

策划书与计划稿 /99

颁奖词：诗情与哲理结合 /104

发言稿怎样脱颖而出 /109

专题宣传片是学校的"形象大使" /116

大型活动串词：重在起承转合，美在浑然天成	/ 131
写序言如同写高考作文	/ 140
又到毕业季——校长致辞大比拼	/ 150
工作总结：年年犯愁年年写	/ 154
校园新闻稿的几种类型	/ 159
评优材料之"优"	/ 167
怎样写教育调研报告	/ 174
概括与定义	/ 178
准确、鲜明、生动——题好一半文	/ 182
写校歌	/ 185
站稳课堂+写好文章=教师专业发展	/ 190

扫码获取资源

写作能力与教师的职业能力

实践证明，教师具备较强的写作能力是教师职业能力提升的有力支撑。为什么这样说呢？一是备好课需要依托写作能力。一个好的教案，从教学目标到思路方法，从结构安排到重点难点，细致周详的安排，犹如文章的起承转合。备课内容需要用文字写下来，从这个角度看，备课也就等于写文章了。二是写作能力与上课能力相辅相成，较强的写作能力有助于教师把课上得更好。三是较强的写作能力有利于教师开展创意化的教学活动。创意化的教学活动要有独特的角度、新颖的立意，过程还要生动有趣。有时创意化的教学活动还要形成书面策划书，也就是文案，所有这些都要依托于写作能力。

前不久，我去一所小学听作文课，那名年轻教师上得很好。好在什么地方？简言之，这节课犹如一篇好的文章：结构上起承转合思路清，表达上准确流畅语言好，设计上和生成中精致巧妙有美感。听这样的课，你会觉得很像是在读一篇精美的哲理散文。

写作能力强的教师善于总结反思，善于让实践升华。丰富的教学经验一旦成为理性的思考，教学便上升到了思想的层面；当教师把思想转化为文字，来自实践的优秀教学论文便产生了。另外，理解与表达是每位教师每天都要面对的，这也与写作能力息息相关，写作能力强的教师开展工作往往得心应手、游刃有余。如全国著名语文特级教师钱梦龙、魏书生等，都是写作能力与上课能力完美统一的典范。

在我认识的年轻教师朋友中，就有很多因写作能力比较突出而得到良好发展并取得教学成就的。记得2012年，我在扬州为全省高中"特级教师后备人才班"讲课，中途休息时，一位教师送我一本他自己写的书，是一本不下20万字的著作，很不容易。他介绍说，自己教学之余经常动笔，常练常思。后来他当上了特级教师，评上了正高级职称，被选为"苏教名家"培养工程培养对象……令人敬佩。我还认识一位长期从事初中语文教学的特级教师，在无锡市湖滨中学的一次活动中，她主动与我交流写作的方法及艺术，那时她只是一名普通的年轻教师。在后来的职业生涯中，她几乎成了赛课、论文获奖的"专业户"。从特级、正高级、名师到名校长，这一切似乎顺理成章、水到渠成。即使做了校长，她也坚持写作。事实上，她任校长的那所中学，近几年来，包括重要项目申报等许多教育文稿，都是她自己写就的。

教师的写作能力不仅仅体现在各类"公文"写作上，更重要的是要体现在教学中。在此，我想简单聊一个问题：如何上好中考作文复习课？我的教学方法就是根据题材范围和立意方向的不同，分别给学生作示范。教学中边示范边讲解，具体可感，学生爱听，效果显著。在这一过程中，语文教师的写作能力将会起到关键作用。2020年至2022年，我先后在南京市第十二中学等多所学校为初三学生上系列中考作文复习课，取得的显著成果是"较大幅度地提高了毕业班的中考语文成绩"。类似的情况还有很多。想要说明的是：在我看来，至少语文学科是这样——教师较强的写作能力大概率地能助力语文教学质量大幅度提升。要成为一名优秀的语文教师，要提高所教学生的语文学业成绩，教师必须提高自己的写作能力。

有一种说法叫教师的写作能力应该高于从事其他职业的人。但很多教师都面临着因写作能力较弱而影响自己职业发展的困境。"写作，想说爱你不容易"，如何走出对写作有畏难情绪的沼泽地？可讲的道理很多，成功的榜样也很多，但并没有标准答案。我给出的建议有以下五点：一是走出环境认知误区。永不抱怨缺少写作条件。二是走出行动认知误区。不可老是等明天再说，殊不知今天再晚也是早，明天再早也是迟。三是走出能力认知误区。别说"我不是这块料"，不对，总有一把钥匙属于你自己！只要愿尝试，就会有收获。四是走出选择误区。不要幻想一出手就是大文章，一下子就登上核心期刊。由小到大、从易到难，积小胜为大胜，这是学习的法则，也是写作的规律。五是走出价值认知的误区。若是写作直奔功利而去，不评职称、不为获奖，就没有了写作的动力，那写作能力也很难得到真正的提高。真正的写作是对自身精神成长的渴望及对这个世界万事万物的好奇与思考。

写文章为什么要强化观点意识

教师写作，以教学论文和教学随笔最为常见。写教学论文或教学随笔，无绝对标准，但有相对尺度。尺度在哪里呢？尺度就是在明确自己观点的基础上，从字里行间传递出有效的信息，从而清晰地表达自己的思想。

一、明确自己的观点

从一定意义上说，学会明确自己的观点，是写文章的第一要素。

先以一篇高中生写的作文为例。作文题为"雅与俗"。该学生一口气写了1500字，但泛泛而谈，一会儿写雨景，一会儿写林黛玉，一会儿又写养病。话题随意转换，叙述四处飘移。说得很多，扯得很远，完全没有自己的观点。教师批改无从下手，指导也有点力不从心。问题在哪里呢？我正好读过那名学生的语文老师写的教学论文，问题也就清楚了。因为那位语文老师写的教学论文和他所教学生写的作文本质上没有区别，那就是泛化思维、没有自己的观点。从教师的论文看学生的作文，那位语文老师如能审视自己的文章，并通过反思找出症结，那么指导学生写作文就有可能做到有的放矢、多快好省；反之，必然少慢差费。我们再看另一位语文老师写的一篇教学论文，题目为"重视阅读教学，提高写作能力"，将通理作为标题，虽然比较省事，但它不能体现作者独到的观点；且标题涵盖范围太大，完全看不出作者自己的观点，结果也只能是找不到话说，或者只能泛泛地说。怎样修改呢？"重视阅读教学，提高写作能力"，语文老师有这样的认识当然不错，也很好，但这样的认识不能说是这位语文老师自己的观点或见解，当然也不能说是独特的经验。谁也不会否认教语文必须重视阅读教学，必须提高写作能力。如何重视呢？怎样提高呢？对阅读与写作有没有自己的观点、见解，或由自己的教学实践而形成的理性升华呢？这就是问题之所在。我们不妨将标题修改为"简论阅读写作教学的互动和能动"。同样是讲阅读与写作，这个标题和原来的标题区别在哪里呢？前者只说了一个关于语文教学的大话题和不说大家也知道的一般要求，后者就明确了自己的观点。有了明确的观点，就有话可说了。正文可分四部分写：阅读、写作教学"两张皮"，有悖语文教学的本质；阅读与写作不可分离；写作训练将有力地提高阅读教学的效度；读写并重有利于语文教学的整体优化。其中第二、第三部分重点写，阐述阅读、写作相互作用的互动关系，且说明它们各自又是能动的。如第二部分，可就阅读的功能分四个小标题写：1.阅读作为知识累积。2.阅读作为美学熏陶。3.阅读作为思维操练。4.阅读作为情操陶冶。通过这样的解剖，我们就很清楚写文章怎样才能找得到话说，怎样去一层一层地说，怎样才能遵循"提出问题—分析问题—解决问题"的逻辑思路去说。

从一定意义上看，学会明确自己的观点就等于学会了拟就一个好的标题，甚至可以说学会了寻找有独特价值、别样视角的选题。

二、有效地传递信息

写论文、随笔，还有论坛发言、讲话稿等，和传递信息有什么关系？其实，说话和写文章本质上就是向别人传递信息以及和别人交流思想。有效地传递信息和明确自己的观点具有内在要求的一致性。那么，什么叫传递有效的信息呢？在"宁的样子"2022南京最美教师评选颁奖典礼上，"教育沙龙"环节中，所论话题叫"面向新蓝图的教育传播力"。有位嘉宾大谈教师的能力和素质，似乎也不错，但对于"面向新蓝图的教育传播力"这个话题，那位嘉宾传递的可能是无效信息。什么是"面向新蓝图的教育传播力"呢？你得围绕话题回答、阐述，它与"最美教师"又有什么关系呢？我在发言中是这样表达的：

"宁"（指南京，谐音"您"）的样子，最美的样子，也是幸福教育的样子。你们花开有声，蓬勃开放，犹如庄严而崇高的《欢乐颂》；你们花开无声，行板如歌，恰似优雅萦绕的圆舞曲。你们用自己的光亮展示自己的存在，在孩子的心灵世界里洒下阳光，传递善良。你们在一个有为的时代，用自己的行动，为千家万户送幸福、送希望、送未来。你们是自觉觉人的行动示范者，你们是自立立人的授业解惑者，你们是自渡渡人的自我超越者，你们是自强强人的踔厉奋发者。"生活不止眼前的苟且，还有诗和远方的田野。""宁"

的样子是跑过去的昨天,也是正在走的今天,更是奔过来的明天,这就是面向新蓝图的教育传播力——南京教育形象的塑造力、南京教育品牌的创新力、南京教育高质量发展的推动力!"宁"的样子,最美教师的诗意光亮!教育之美的千般花样!

　　这段有点诗意化的表达,抓住并兼顾了"南京""最美教师""传播力"等关键元素,是对着话题去回答问题,这就是写作中所谓的"切题"。这本来不难做到,但为什么有一些人说话、写文章就是不对着话题说,而是经常随便转移话题?从根本上看,还是一个思维品质的问题。语文核心素养要求中有一条就是形成良好的思维品质。说话和写文章是最典型的思维活动,你的思维能力决定你说话和写文章的水平。因此,要做到用最少的文字传递出最有效的信息,就要常常锤炼自己的思维,包括从哲学的层面上,从对立统一、质量互变、否定之否定的三大哲学定律中寻求思维锤炼的规律。美国著名的SAT考试(也称"美国高考")对作文的要求是有效而富有洞察力地发表观点,拥有杰出的批判性思维,能够使用恰当的事例,运用推理以及其他证据证明自己的立场。

三、清晰地表达思想

　　有观点,观点要和材料统一;有信息,信息要由观点统领。文章所有的内容,都得通过语言表达。从小学三年级开始,语文老师就跟学生讲授叙事、描写、抒情、议论、说明五种表达方式。如果说形成自己的观点要有敏锐的观察力和超然的领悟力,那么,比较清晰地把文章的内容呈现出来,就要有较强的表达力了。

　　教师写作中常见的语言表达问题有如下几种:

　　1. 叙事表达不够清晰,所叙之事与所悟之理逻辑关联度不强。

　　这几年叙事研究很受教师们的欢迎。叙事研究总免不了叙事,叙事的选材,叙事的角度,起承转合的连接点,把所叙之事说清楚,说得有意义,并不是一件容易的事。

　　2. 说理语言没有"理"。

　　一篇两三千字的文章,通篇都是口号与要求,用的都是一些不着边际的"大词",如"校长用思想揭示规律""校长不要过于自我""校长的思想结晶是盛开的教育思想之花"……这样的文章难免空洞。写教学论文,主体内容应该是分析性语言,要注重在分析的前提下得出结论。提出问题、分析问题、解决问题,分析问题是重点。其实,文章中的许多小标题,如果用了分析性语言,语言表达的境界立刻就提升了。如有一位教研员,他写了一篇关于"说课"的文章,其中谈到说课的重要性和要求,文中分别用了三个小标题:符合客观实际,坚持科学性;掌握说课内容,重视条理性;理论联系实际,强调实效性。要有科学性,要有条理性,要有实效性,这样的通理谁都不会否定。但通理不是自己的观点,这样的表达是尚未分析就有结论,很正确,但没有说服力。重新修改后的小标题是这样的:精准定向的教学目标与明确具体的教学观点的统一,解说的清晰度和过程展示的完整性的统一,内容设计的创新与述说技巧的统一。虽然还是原来的内容,但重新拟定的小标题具有分析与思考的深度。

3. 表述不恰当。

写论说类文章,恰当更为重要。恰当在逻辑上应该是严谨的,在语境中应该是最合适的。如有一位教师写一篇关于作文教学的论文,他在开头部分有意渲染"当今作文教学中的问题已严重到令人瞠目结舌、难以挽回的局面",这就不恰当了。再如一位教师在一篇论文的开头这样写道:"一节45分钟的中学数学课,最大的矛盾就是时间紧、任务重、要求高。"这样的表达用在课堂教学特点的描述上,同样不合适。

特别需要提出的是,有些教师写作的文风有问题。有的属于东拼西凑,并非自己的实践所得,亦非用自己的语言表达,这样的文章往往结构割裂、文气不畅;有的语言表达有装腔作势之嫌;有的以冗长充博大,以深奥饰肤浅;有的过多过滥引用,似乎举证历历,实则形同抄书。无论是教学论文还是教学随笔,浅入浅出不好,浅入深出不好,深入深出也不好。唯有深入浅出的语言,才能真正做到清晰地表达思想。

从废稿到优稿：
九篇教学论文的重生

"九篇教学论文的重生"这个话题，源于江苏省教师培训中心组织的一次全省特级教师后备人才培训活动，地点在扬州市，听课对象是高中教师。江苏省教师培训中心副主任，也是那次培训活动的主持人倪敏对我说："高中教师要求高，怎样写教学论文这个专题不好讲，你最好多讲案例。"我与倪敏副主任的想法一致，案例早就准备好了，343份纸质稿件，每个学员发一份，都是江苏省四星级高中的教师写的教学论文。一个上午将近四个小时的讲座，所有听众全神贯注，情绪饱满。中场休息时间，几十名学员，包括一些校长学员走上前台与我交流，滨海县八滩中学、江苏省太湖高级中学的校长还当场邀请我把当天讲的内容到他们学校再讲一遍。在现场的扬州市教育局副局长匡成兰称赞这样的讲座"接地气，受启发，老师们爱听"。

九个案例，九篇论文，每篇三到五千字不等。把每篇论文的标题及前面的内容呈现出来，可清楚地看出原文的模样。怎样修改？怎样提升？成功写就教学论文的关键是什么？请看下面的对比与分析。

案例一

原 稿

新课程改革下教师的使命

> 开头讲"新课改"的形势，是作报告的口吻。

"新课改"的开展已经有段时间了，但是一部分地区还是处于传统教学时期，另一部分地区虽然说已经进入了改革的实施阶段，但是还处于传统教学方式和"新课改"并存的过渡阶段。他们一方面迫于高考这根指挥棒下家长、学校、学生对分数的要求，不得不进行传统的过分注重知识的传授和记忆的填鸭式教学方式；另一方面迫于改革的大趋势，要实施"新课改"，最终只能采取双管齐下的方式。

改革总是要受到阻力的。"新课改"的真正实施者是教师，学校只是一个复杂的生产车间，应要求每一位教师具有反思能力与批判精神，要在属于自己的舞台上全心全意搞改革，因为教师是落实"新课改"过程中最关键的一个环节。明确了教师在这一过程中的决定性作用，明确了"新课改"的目标——全面贯彻国家的教育方针，培养学生创新精神和实践能力、获取新知识的能力、分析与解决问题的能力，为造就全面发展的社会主义事业建设者和合格人才奠定基础。下面就从三个方面来谈一下教师的使命。

一、提升自身素质

首先，在专业素质方面，教师应该提高自己的综合语言运用能力，强化终身学习的意识，提升自身素质，转变教学观念，只有自己有一桶水才能倒给学生一杯水；学习各种教学方法以及心理学、教育学知识，了解高中学生的知识结构以及认知特点，寻找合适的教学方法；提高科研能力，及时对自己和他人的教学成果与过失进行反思，向优秀教师学习并汲取经验，在不断的探索中进步；注重学习现代教育技术，积极参加各种培训，充分利用周围的教育资源，做到有所取舍。

其次，在道德素质方面，教师应该要注意自己给

> 这段表述不严密，"不得不进行""迫于"表达不恰当。

> 把学校比作生产车间不妥。

> 谈及教师在"新课改"中的关键作用，这是对的，但为什么、如何体现，要进行梳理。

> 这段表达跳跃性大，关联度弱。

> "提升自身素质"是人所共知的通理，不宜作为小标题。

> 既然以"提升自身素质"为中心话题，那么，你就得围绕中心话题，认真想清楚后再说，如宽广的知识视野、扎实的学科基础、

学生留下的印象。《礼记·学记》有云：亲其师，信其道；尊其师，奉其教；敬其师，效其行。教师不管在讲台上还是在日常生活中，一定要注意自己的言行举止，因为学生对教师的印象会影响到师生在课堂上的互动关系。教师应对学生有责任心和爱心，抱着对教育事业的热忱，全身心地投入工作；秉持公平的原则对待每一个学生，及时调整自己的心态，适时地激励自己和学生，以自己的行为感染学生。

最后，教师还应该根据自己的性格特征等，形成适合自己的教学风格，一成不变的风格无法吸引学生的注意。

二、转变教学理念

只有把"新课改"的理念融会贯通，只有充分理解这些理念的内涵，只有站在"新课改"的平台上，结合现代教育方法，才能提高自身的综合语言运用能力……

（原稿后部分内容略）

> 较强的研究意识等，要一层一层有逻辑地去说，做到语言连贯流畅。

> 教学风格一般指相对稳定、特征明显的教学状态。

> 这样的大话题不适合做小标题。

如果是关于"新课改"的演讲比赛，这样的标题也许可以用一用。但作为教学论文的标题，它就显得过于宏大。题目不合适，是全文的一个短板。

看过题目再看开头。文章强调"凤头"，可见开头之重要。该文的开头部分讲"新课改"的大形势，讲"新课改"的大问题，讲"新课改"的精神实质，都没有错。但教学论文并非领导干部作报告，宏观形势、宏大背景，包括工作的要求等，不需要在一篇小小的教学论文中讲，如"一部分地区"怎么样，"另一部分地区"怎么样，听起来就像工作报告。再看看小标题：第一个小标题"提升自身素质"，第二个小标题"转变教学理念"……我们将这样的标题定义为"通理"，即通常的道理。"大理"就是很大的道理。

谁也不会否认教师需要提高自身素质，教师需要转变教学理念，这都是千真万确的道理。而在一篇文章中讲太多的"通理""大理"，那就等于大话、套话充斥全文了，这样的文章，发表或获奖都不太容易。

这位作者对教育事业有热情，有想法，想要表达的是教师在教育改革中的重要作用，教师要注重自身的专业发展。于是，我建议作者重新思考文章的侧重点，重新梳理文章的脉络。下面是修改后的标题及相应的框架结构：

教师教育专业素养的问题分析及提高

一、学科专业与教育专业有联系也有区别

这部分的内容主要为：当下有些年轻教师学历不低、学科水平不低，但教学水平不高。教师专业发展包括学科专业和教育专业两个方面。要想成为一名好教师，学科专业和教育专业的提升一个也不能少。

二、教师专业发展的问题分析

做好工作要以问题为导向，写论文也要以问题为导向。所以第二部分的内容可以列一列教师专业发展中的问题。比较精准地列出问题，并不容易。有时还要作一些调查，包括问卷调查。我们尝试着列出如下几个问题：

1. 教育专业意识不强。

2. 职业理想缺乏。

3. 与专业相关的视野狭窄、观念落后、知识欠缺。

如果说这部分是分析问题，那么第三部分一定是解决问题了。

三、提高路径及主体内容

可分四小点写：

1. 在学习型组织下形成持续的学习力。

2. 读书过程中的反思、质疑、批判能力。

3. 科研能力与写作能力。

4. 应用现代教育技术的能力。

至此，写出3000字以上的文章应该没有问题了。当然，你再增加一部分内容，也不是不可以。如第四部分可写教师精神文化的形成，包括理想信念、心灵德性、为人师表等。

需要提醒教师们的是，原稿的文脉不够连贯，这涉及语言文字基本功的锤炼。写教学论文，文从字顺是基本要求，同时又是一个很高的要求。

案例二

原　稿

浅探优化高中数学课堂效率

一、问题提出

一节45分钟的高中数学课，目前比较普遍的情况是教师上课对知识的讲授面面俱到，一味地灌输，而学生独立思考的时间少，导致学生只喜欢做熟悉的题目，当问题的形式或背景稍微发生变化后，学生就手忙脚乱、无从下手。这种机械呆板的教学方法是低效率的，更无从谈起培养学生的思维品质和创新意识。

面对此种情形，为了有效解决数学教学课堂中出现的这一系列问题，本文以建构主义和认知结构学习理论为依据，在课堂中结合学生实际，尽可能开展变式教学，精心设计符合学生的认知规律，能激发学生求知热情的由浅入深、多层次、多变化的问题情境，启发探究，诱导反思。

"问题提出"，要把问题说得更加明确一些，我们不妨这样表达：向45分钟课堂要效率与课堂效率普遍不高的矛盾症结在何处？原因很多，但关键原因在于学生学习数学的内驱力未能真正释放出来。教学方法陈旧与教学观念落后的叠加导致了教学效率普遍不高。

"手忙脚乱、无从下手"，用语不恰当。连起来看，表达上语脉常有断裂。

二、探索

布鲁纳说：最好的学习动机是学生对所学材料有内在兴趣。一旦学生对所学内容产生了兴趣，就会形成最佳的学习状态，由此促使各种感官处于最活跃的状态，为其参与学习做好最佳的心理准备。在教学中实施变式教学可以激发、培养和保护学生的学习兴趣，唤起其创造意识，这对培养创新型人才具有十分重要的意义。

所谓变式教学，就是在教学过程中对数学概念、定义、定理、公式、法则等的变化以及题目的不同角度、不同层次、不同情形、不同背景的变化，使其非本质特征时隐时现，而本质特征保持不变。它使学生不迷恋于问题的表象，而能自觉地从本质看问题，同时使学生学会比较全面地看问题，注意从问题之间的联系的矛盾上来理解问题的本质，在一定程度上可减少和克服思维中的绝对化而呈现出来的思维僵化及思维惰性。

变式教学既是一种重要的思想方法，又是一种行之有效的教学方式。教师通过开展变式教学，把变式教学与主体性教育有机结合起来，有意识地引导学生从"变"的现象中发现"不变"的本质，从"不变"的本质中探索"变"的规律；有意识地把教学过程转化为数学思维活动的过程，充分激发学生的潜能，有效地培养学生的自学能力、探究能力和良好的学习习惯，培养学生独立分析和解决问题的能力，培养学生的创新意识和创新能力，从而提高教学质量。

三、实施方案

变式教学遵循目标导向、启迪思维、暴露过程、主体参与、探索创新的教学原则；以现代教育理论为指

"探索"作为小标题过于宽泛。

这儿提到了"变式教学"，何不在文章的开头就直接阐述"变式教学"呢？写论文要学会聚焦。

这段分析还是不错的，有一定思维的深度。"不迷恋于问题的表象"可改为"从表象入手又不被表象迷惑，善于透过表象，击中本质，问题与矛盾就能不攻而破"。

这儿提出变式教学的概念很好，但花较大篇幅讲变式教学的一般概念，看不出作者教学探索之所在。能否抓住"变与不变"，建构一个独到的框架呢？

实施方案？下面的内容并不能为此论点作支撑，而且与上一个小标题缺少逻辑勾连。

> 这儿展现的是教科书般的表述，不像是自己的理解与表达。
>
> 仍然泛泛地复述变式教学的一般概念，应该尽快列出作者教学创新的核心经验与主要观点。

导；以精心设计问题，引导探索发现，展现形成过程，注重知识建构，摒弃题海战术，提高应变能力，优化思维品质，并以培养具有创新意识和创新能力的人才为目标。

变式教学的程序以变式探究为重点，师生互动为主要形式，以学生形成知识网络为主要目标，实施变式教学方法可有以下几种：

（原稿后部分内容略）

从文章的内容可看出这位数学教师的优秀和认真，其中有许多闪光点。但也存在一些问题：论述过程不太严密，前后部分在结构上有些游离。小标题用词比较粗疏，如第二部分"探索"，这个词过于宏大。再说标题，"课堂效率"用词还是大了一点；"优化效率"，动词和宾语搭配不当，应该是提高效率或者优化结构。我发现这篇文章的着力点就是变式教学，为什么不在标题上体现变式教学呢？正题与内容不完全匹配，这也是教学论文的大忌。我建议作者把笔力集中一点。下面是修改后的标题及相应的框架结构：

变式教学：以能力为导向的课堂结构优化

一、灌输知识的容器式教学已走到尽头

这是经教学观察、教学实践、教学反思后的一个判断、一种观点。需要进一步阐述的是，学生不是知识的容器，而是发展的主体。

二、变式教学的变与不变

1. 课堂观的变与不变，跳出课本的局限。
2. 教学方法的变与不变，学以致用与举一反三。
3. 变式中的删繁就简、化繁为简，从易简思维中发现规律。

三、变式教学：着力于以能力为导向的课堂结构优化

1. 问题意识的培养。

2. 逆推理习惯的养成。

3. 讨论与争论。

4. 师生角色互换。

5. 多元作业设计。

6. 时间分配与空间转换。

四、变式教学要引导学生透过现象看本质

把变式教学说深、说透、说具体，既有经验提炼，也有可学习借鉴甚至可复制的方法，这样的教学论文才比较有价值。

案例三

原 稿

通过以导为主的学习活动，培养学生的学习能力

纵观目前的课堂教学，基本上还是以教师讲、学生听，教师写、学生记，教师问、学生答的讲授法为主。时间一长，很多学生也乐于用这种被动接受的方法学习，因为这样的学习尽管被动，但是不用多动脑筋。其实，这样的方法束缚了学生的思维，阻碍了他们主观能动性的发挥，造成高分低能而不能适应社会发展需要的局面。新课程则要求我们完全扭转这种高分低能的局面，充分发掘和培养学生的创新意识和创新精神。因为认知活动的主体是学生，"授

> 标题的前一句体现了作者的观点，后一句没有任何实际意义，属于无效信息。

> 这样的开头是否似曾相识？属报告式口吻，笼统化表述。

批注	正文

> 高分低能不宜说是一种局面。

> 论文写作的普遍问题：开头不能切入主旨，要么讲得很宏观，要么与主旨游离。

> 这儿讲到兴趣，可否就只谈兴趣。可拟这样一个小标题：保护、培养、激发——兴趣形成的三个层次。

> 这个小标题可改为"情境化导入引发兴趣"，这样就具体些了。

人以鱼，不如授人以渔"，要较好地发挥学生的主体作用，就要有目的、有计划地对学生进行学习方法的指导和学习能力的培养，使学生从"学会"到"会学"。培养学生的学习能力，关键在于课堂教学。因此，课堂教学不应再是单一地传授知识，更应该培养学生的学习能力。教师应该把握课堂教学的每一个环节，不断激发学生的学习兴趣，帮助学生掌握良好的学习方法，培养学生观察、自学、思辨、分析问题、解决问题的能力。只有这样，学生的学习能力才会提高，学习才会更加有效。

下面就按课堂教学的主要环节，分别加以阐述：

一、导入，重视激发学生的学习兴趣

俗话说：兴趣是最好的老师。导入，尽管往往只是几句话或几分钟，但能引领学生进入课堂学习状态。好的课堂导入，不仅能起到承上启下的作用，而且是激发学生学习兴趣、调动学生学习积极性和主动性的关键所在。

案例1："合成氨条件的选择"的导入。

（原稿后部分内容略）

这篇教学论文论述的只是一种常态要求、一般要求。标题有切入口，但"口子"仍显宽泛。标题的后半句"培养学生的学习能力"属无效信息。标题的每一个字都非常宝贵，拟标题的原则之一就是字数尽可能的少。

本文标题可改为：导思、导训、导学——启导式化学课堂例说。

标题改动了，正文开头部分就不需要讲"教学论"中的一般道理了。可以这样写：

在化学课堂中，应着力处理好、"教与学""师与生"之间的关系，从过去的知识灌输到现在的启发引导，教师的教和学生的学变得更加和谐。引导思考、科学训练、学会学习，化学课堂更加高效，学生的学习效率明显提高。笔者的具体做法分为以下三个方面：

一是创设情境导入主题。

二是智慧生成导入训练。

三是激发兴趣引导会学。

还可以把标题再改动一下，叫"'三导'化学课堂例说"，如此原文中的例子也能用得上。

案例四

原 稿

高中新生入学适应性教育存在的问题及改进对策研究

一、高中新生入学适应性教育的意义

1. 入学适应性教育是新生进入高中的第一课。

首先，通过开展学校历史及发展的教育，新生全面了解了校史、校情和学校特色及优势。特别是学校发展过程中所取得的重大成绩和广阔前景，使他们形成了对学校的认同感、归属感和自豪感，从而培养、巩固了爱校的意识。通过校纪、校规的教育，新生了解了学校有关的规章制度和在学习、生活中应遵循的准则，从而在今后的学习生活中能更好地规范自己的行为。

> 这个选题来自实践，有一定的研究价值。
>
> 适应性教育意义的阐述，也得从某一角度几个层次讲清楚。如：一是对新学校的认同感；二是情感的归属感；三是热爱学校，进入高中阶段的自豪感……

其次，当代中学生的思想状况因其家庭环境和个人文化素质、心理素质等方面的不同表现出很大的个体差异性。类型丰富的新生入学教育，既有助于学校初步了解学生的基本情况，从总体上把握每一届学生的特点，又有利于教师了解不同学生的个性特点，进而展开个性化教育。

2. 新生入学适应性教育是加强学生管理工作的重点。

新生入学适应性教育是学生管理工作的重要内容，在学生教育工作中具有不可忽视的地位。由于初中和高中在很多方面具有差异性，加之在诸多因素的影响下，一些处于新环境过渡期的新生，易因学习、生活不适应和贫困等问题，成为"学习特困生"和"心理问题生"。在入学教育中对新生的思想信念、行为规范、学习方法、职业规划等方面进行教育引导，做好"问题学生"的教育工作，是确保学校稳定，也是为以后的学生管理工作奠定基础的保障。

3. 入学适应性教育是新生顺利开始中学生活的基础。

初入高中的新生面临着生活上的自理、管理上的自治、学习上的自觉、思想上的自我教育、目标上的自我选择等一系列问题，心理和思想上将发生急剧的变化。对于缺乏心理准备的高中新生来说，在这个心理转型与重塑的过程中，可能会产生不同程度的适应困难。如不能较好地解决这些问题，势必影响他们的成长、成才。因此，开展新生入学适应性教育，让他们在短时间内适应高中的学习生活，解决新生诸多困惑，是很有必要的。

这儿的论述表现出良好的专业素养。

"是……管理工作的重点"，写论文一般不这样形成观点，这也不能成为高中新生入学适应性教育的意义。写文章特别要注意观点和材料的统一，何谓意义？一是能尽快适应；二是强化认同感；三是为三年高中学习生活做好充分的心理准备。

"自理""自治""自觉"很好，写论文常常要有这样的语言建构。

二、高中新生入学适应性教育存在的问题

1. 对入学适应性教育目标的认识存在偏差。

入学适应性教育目标是指一定时期内实施入学教育活动所要达到的目标，它从根本上规定了入学适应性教育的方向、内容和方法。然而，不能正确认识或准确把握入学适应性教育的目标，是我国许多高中在实践中常出现的问题，体现在：一是对入学教育特定的教育内涵把握不准以致目标错位；二是比较注重入学教育过程，而对其目标和结果缺乏足够的重视。

2. 入学适应性教育的组织缺乏系统性。

入学适应性教育是一项系统工作，必须依靠学校全盘考虑、整体部署，利用学校各种资源做好新生入学适应性教育工作。但在现实中，入学适应性教育的组织者、实施者一般为学生处的教师及班主任，加之学校部门之间缺乏相应的交流，导致入学适应性教育缺乏系统性，常常处于学校教育边缘的尴尬境地，并且与新生需要适应的形势和社会发展的要求极不相称，开展的效果差。

3. 入学适应性教育内容缺乏针对性。

由于对入学适应性教育目标的认识存在偏差，教育内容往往与新生的实际需求和心理期待存在较大差距。要么是教育内容涵盖了高中教育的所有内容，面面俱到，但是又因时间紧张，只能浅尝辄止，结果只会是"吃力不讨好"；要么是教育内容涉及面太窄，仅仅限于规章制度的宣讲，而在如何认识和适应高中学习生活方面缺少必要的、具体的和感性的指导，远远不能满足新生的需求，不能给新生们带来多少实质性的帮助。

"存在的问题"，归纳得还不错，但语言不够凝练，一些表达比较拖沓。

此处可改为"入学适应性教育是一项系统工程，学校应有整体部署、周密计划"。

写四个方面的问题，概括性要强一些。如，一是认识上的单一——教育目标就是让学生守规矩；二是组织上的松散——未能形成从学校到中层再到班级的整体合力；三是内容上的随意——教育内容针对性不强，问题解决意识不强；四是时间上的短暂——未能形成一个连续教育的状态。

4.入学适应性教育时间缺乏连续性。

目前学校普遍采用的是新生入学教育周加集中军训模式。

（原稿后部分内容略）

该文的标题比较明确，论述比较全面，整体上比较连贯，前后没有出现随意转移话题的现象。但该文更像学校的工作讨论稿，论述的分量不够，尤其体现在集中论述、独特见解方面，也就是说学术含量不足。我建议作者这样改：

标题改为"有界、无界、临界"，可再加一个副标题：高中新生"适应教育"的问题、策略、方法。还有一种方法，就是直接将副标题作为标题。

可分以下三个部分写：

一、从问卷调查看高中新生的适应性问题。

二、初高中适应的临界点与着力点。

1. 制度规范。

2. 情感浸染。

3. 认知提升。

4. 价值认同。

5. 习惯养成。

三、有界、无界、临界——从适性教育到适应教育。

"有界"指规范，"无界"指多样变化，"临界"指方法正确、策略精准。结论是：新生入学适应性教育只要科学、适合，新生就会很快适应高中生活。

重新拟定的提纲与原稿相比，提出问题、分析问题、解决问题的思路更加清晰，条理性更强，"有界""无界""临界"，"三界"的逻辑建构使文章的立意也得到了升华。

案例五

原 稿

浅论新课程背景下高中英语文化意识的培养

语言是人类历史和文化的结晶，它凝聚着一个民族世代相传的社会意识、历史文化、风俗习惯等各方面人类社会所有的特征。语言与文化是密切联系的：一方面，语言是文化的基石，没有语言就没有文化；另一方面，语言受文化的影响，反映文化。不同的文化背景和文化传统，使中西方的思维方式、价值观念、行为准则和生活方式等方面都存在相当大的文化差异。因此，作为高中英语教师，应针对"新课标"提出的文化意识的目标要求，充分认识到英语教学不仅是要求学生掌握词汇及语法知识，能阅读英文文章，而且还必须让学生了解英语国家的文化，了解中西文化的差异，培养学生的文化意识。

一、培养文化意识的意义

1. 培养文化意识是英语"新课标"的要求。

《普通高中英语课程标准（实验）》（以下简称《标准》）指出："语言有丰富的文化内涵。在英语教学中，文化主要指英语国家的历史、地理、风土人情、传统习俗、生活方式、文学艺术、行为规范和价值观念等。"该《标准》指出，接触和了解英语国家的文化具有"四个有利于"，即有利于对英语的理解和使用，有利于加深对本国文化的理解与认识，有利于培养世界意识，

引言所论并没有错，可再简化一些，或干脆去掉。写论文还是直接抛出观点为好，一般的道理、教科书式的表述可省去。

如果作者一开头便表明明确的观点，比较容易获得编辑的认同。如你可以这样开头：没有英语文化意识培养与渗透的英语教学，就不是一种真正的英语教学，这是我多年英语教学的一个深切体会。

"四个有利于"对正题和小标题都是一种呼应。

有利于形成跨文化交际能力。同时，该《标准》要求教师扩大学生接触异国文化的范围，帮助学生拓宽视野，使他们提高对中外文化异同的敏感性和鉴别能力，为发展他们的跨文化交际能力打下良好的基础。此外，除了以往常见的"语言技能"等目标，该《标准》单独列出了"文化意识目标（七级—八级）"，其中七级有十大目标，八级有六大目标。在该《标准》的教学要求中，高中英语课程七级文化意识的目标为"理解交际中的文化差异，初步形成跨文化交际意识"，八级要求"了解交际中的文化内涵和背景，对异国文化采取尊重和包容的态度"。由此可见，文化意识是英语教学中的一个重要的组成部分。

2. 培养文化意识是学生参加高考的需要。

（原稿后部分内容略）

> 关于课程标准的具体内容在一篇小论文中不必列得这么详细。论文的主体内容应该是作者的论述，引用得太多，形同抄录。

> "参加高考的需要"能否换一种说法，比如新高考会加大对学生文化理解力的考察力度。

这个论题虽然有点大，但符合重点中学保持前沿水平的追求，即上升到文化层面的实践与思考。我对这位教师的建议是，不一定非得戴上"新课程"的帽子，题目可改为"高中英语教学如何渗透英语文化"。本文可分两部分论述。第一部分指出问题，即不重视英语文化意识的培养将严重影响高中英语教学的效能；第二部分提出对策，找到方法。如写第一部分的内容，可先分析一下因为英语文化意识不强而影响英语教学效果的种种现象，它包括阅读理解障碍多、答题错误频出、交流误解等。第二部分的内容，涉及方法与对策，原稿中的有些内容可用。

当然，该文的开头部分没有必要说得那么宏观，应尽快直击问题，在分析的基础上形成自己的观点。

我们不妨这样开头：

英语教学中如何培养学生的阅读理解能力？词汇教学很重要，但在教学过程中，不可忽视对学生进行英语文化的教育。学生不了解英语国家的文化背景，将会严重影响英语课堂教学的效能。高中英语教学如何渗透英语文化，我在教学实践中总结出了三种方法：

1. 泛在化渗透。
2. 活动化专题。
3. 创意化情境。

接下来根据这三种方法举例论述，这样思路和结构都会比较清晰。

案例六

原 稿

营造诗意的语文课堂

"新课改"之前，语文教学注重知识的传授，而以知识传授为主的教学是静态的、枯燥的、缺乏诗意的。随着"新课改"的深入，语文教学的工具性与人文性并重。语文教学力求使学生的精神得以丰富，使学生享受语文教学，因此，语文课堂的诗意追求成为迫切的需要。

如何营造诗意的语文课堂，笔者认为可以从以下几点入手：

一、用诗意的语言点缀课堂

语文课堂上，教师的语言不同于数学、物理等科目的教学语言——逻辑严密、通俗易懂，语文课堂的语言应该是被浓烈的感情浸泡透了的、形象化的、韵

> 如此抒情的标题较为常见，但它不仅不符合论文标题的要求，还比较容易雷同。

> 把"诗意追求"说成"迫切的需要"不恰当，可改为：语文课堂的诗意化风格已成为一部分教师的追求。

> 不要把理科教学语言和文科教学语言对立起来，它们可以有

区别，也一定会有共性，如任何课堂的教学语言都追求通俗易懂、生动形象、深入浅出、幽默风趣。

小标题叫"诗意导语，先声夺人"。你可这样阐述：巧妙利用诗句渲染，瞬间就能把学生带入情感的森林，师生在共情之时会急切地寻觅美的景致。

律和谐而又优美动听的语言。语文教师的语言需要有文学的意蕴和美感，能让学生听之悦耳、品之有味，既能从中获得知识的启迪，又能受到人文雨露的滋润与审美情趣的培养。

（一）诗意导语，先声夺人

新课标强调学习文学作品的审美意识、审美情趣、审美感受和审美创造等内容。诗文名句是浓缩的精华，其内在的美是令人咀嚼不尽的。设计导语时，恰到好处地运用些诗文名句，不但能够渲染诗情画意的典雅气氛，而且能创设"先声夺人"的审美情境，让课堂教学充满诗意美，体现出鲜明的抒情格调，让学生接受美的熏陶。

（原稿后部分内容略）

这种类型的标题很常见，很正确，但并不是自己的观点。读完全文，我对作者说："诗意化语言、诗意化课堂、诗意化追求，语文教师的这个特质非常可贵，但写教学论文要讲究观点、思想，特别是标题的确定。"我们可以把标题改为"诗意语文课堂的情、智、和"。

对比后可看出区别：前者是一种抒情化的状态描摹，后者则有了某种观点化的信息。观点化信息的传递则表现为作者思想的呈现。

标题改动后可以分三部分写，它们分别是：

一、诗意表达，先声夺人（着力一个"情"字）。

二、诗化语言，点石成金（着力一个"智"字）。

三、诗情交流，和鸣锵锵（着力一个"和"字）。

论文语言要特别注重科学准确。该文开头一句"'新课改'前，语文教学注重知识的传授……"，这个判断虽然有点依据，但又有点绝对。而"语文课堂的诗意追求成为迫切的需要"也不甚确切。

案例七

原 稿

浅谈教学语言

俄罗斯有一句谚语:"语言不是蜜,但它可以粘住一切。"语言是人类最重要的交际工具,也是最重要的信息载体。人们用它交流思想,表达感情,创造文化。精彩的语言能够动人心弦,甚至震撼世界。

语言,对教师职业而言尤为重要。教学语言是教师教学的基本功和必要素养,是教学艺术中基本而又重要的组成部分,是打开知识宝库的钥匙,是接通师生心灵的桥梁,是教师完成"传道、授业、解惑"任务强有力的手段。因此,苏霍姆林斯基在谈到教师的素养时指出:教师的语言修养,在很大程度上决定着学生在课堂上的脑力劳动的效率。

语文教师教的是语言,因此,语文教师本身必须具有更好的语言素养,以便成为学生的榜样。要提高教师的语言素养,必须先明确教学语言的基本特性。

一、口语性

教学语言是一种有声语言,从形式上首先表现为口头语言,教师的教案、讲稿必须转化为口头的教学语言,才能通俗易懂,亲切感人。正如严济慈所说:"要用自己的话把书本上的东西讲出来,要发挥,要有声有色。"教师讲课最忌讳用书面语言代替口头语言,满口晦涩难懂的概念术语,甚至故作高深地说文白夹杂

语言是交际工具,语言对教师职业而言尤为重要……这样说肯定是对的,但作者的观点在哪儿?

"教学语言"是主语,跟在它后面的是"基本功",是"必要素养",是"教学艺术中的基本而又重要的组成部分"……请认真分析一下,这样的判断是否科学、准确?如果说教学语言是基本功和必要素养尚能成立,那么,教学语言是"教学艺术中的基本而又重要的组成部分"就得斟酌了。

"必须转化为口头的教学语言,才能通俗易懂",这样的条件关系成立吗?

的"玄话"。事实上，口语只有深入浅出，才能引人入胜。因为口语借助了语音的细微差别、语调、停顿等一系列手段，使内容更加丰富，从而产生言语的特殊表现力。因此，口语被称为活的语言，口语性是教学语言最首要的特征。

首先，教学语言应多短句，少长句。修饰的定语、状语不宜过多，以免引起概念模糊和意思表达不清。有关研究表明，教师一口气说出5~9个意义单位构成的句子时，听讲人大约可在5秒钟内保持着有效记忆。过长的句子，过多的严密句，其句意不能完全进入学生的意识里，学生的注意力就会分散。因此，教学语言一般宜长句少，短句多，这样有利于创设清新、明快的课堂氛围，从而提高课堂效率。反之，则会使学生产生拖沓冗长之感，导致情绪低落。

（原稿后部分内容略）

> "教师讲课最忌讳用书面语言代替口头语言"这个判断有点绝对，可删去。
>
> "深入浅出"，这个观点正确，如何深入浅出？可稍加阐述，如深入深出不好，浅入深出不好，浅入浅出同样不好，唯有深入浅出好。
>
> 怎么能得出"定语、状语过多会引起概念模糊和意思表达不清"这一结论呢？一定要注意判断的严谨。

教师重视教学语言，当属题中应有之义。上课的艺术本质上就是语言的艺术。不但要研究教学语言，而且要千方百计地提高每个教师教学语言的水平。"浅谈教学语言"这个题目有点像一本书的书名。我建议作者不要全面论述，还得找准某一个点，生发开去集中论述。

标题可改为：教学语言的规范要求与智慧生成。

原稿中的三个小标题——"口语性""启发性""规范性"，也比较泛化。修改后的小标题及分点如下：

一、教学语言的规范要求。

1. 精准。

2. 流畅。

3. 文雅（不粗俗）。

二、教学语言的智慧生成。

1. 注重启发式。

2. 形象化表达（侧面烘托等）。

3. 幽默与机智。

4. 化繁为简，深入浅出。

三、教学语言的学习与训练。

本文标题也可改为"教学语言风格刍议"，可分三个方面建构文章：

一、问题的提出，风格到哪里去了？（指出当下教学语言普遍存在的问题：机械、雷同、呆板）

二、我的诗化教学语言风格追求。

三、教学语言风格形成之总结，重积累与重创新并举。

案例八

原 稿

激发高三学生童心，提高政治课堂实效

高三教学的高效率对于高三学生来说至关重要。但是到了高三，主要就是复习，教材不发生变化，复习就容易带给学生"炒冷饭"的感觉，要不是迫于高考压力，高三学生是很难在这样的课堂中坚持到底的。尤其是高三政治，更是无法吸引学生的注意力，甚至不少学生谈政治就色变，学习效率极其低下。在学生眼里，教材都已经学过一遍了，学生对已经学过的，尤其是本身就不令人感兴趣的内容自然而然地存在着

这样的标题是典型的行政材料式标题，不适合做论文标题。

第一句话属于无效信息。

"但是"，转折词也不可随意出现在开头。可这样表达：高三复习课如何开展？怎样才能高效？笔者以

一节哲学复习课为例，谈谈自己的体会与思考。

这儿的表达有点语义不清。"其实"这一转折连词也要用好。作者想表达的意思也许是：有的学生认为复习已学过的内容就是"炒冷饭"，有的学生因政治学科基础薄弱而提不起兴趣。

在教学论文中列举教学片段的具体内容不是不可以，但不能太多、太长，只能偶尔为之。写论文引用相关资料和他人的论述当然可以，但切不可太多，太多了就有自己不会论述，只能靠罗列资料凑字数之嫌。此现象便是"举证历历，形同抄书"。

排斥感。其实，在他们脑海里留下的印象却只是零散的片段。因此，教师不要高估学生，不能真的把高三复习课上成正儿八经的复习课，应该把新授课和复习课的教学方法结合起来，这样才能激发高三学生学习政治的兴趣，提高复习效率，顺利达成教学目标。以下是笔者在一次哲学复习课上的尝试。

［教学片段］

教师讲述童话故事《两只西瓜船》：

青蛙有一只西瓜船，蛤蟆也有一只西瓜船。一只小松鼠说："我也想坐西瓜船。"蛤蟆说："不行，不行，这是我的西瓜船。"青蛙说："坐到我的西瓜船上来吧。"小松鼠一跳上来，（学生插嘴："船沉了！"全班笑）青蛙的西瓜船就大了一些。

七只小兔子说："我也想坐西瓜船。"蛤蟆说："不行不行，我的船你们坐不下。"青蛙说："坐到我的西瓜船上来吧。"小兔子一跳上来，（学生又插嘴："船沉了！"全班又笑）青蛙的西瓜船又大了一些。

一只大野猪说："我也想坐西瓜船。"蛤蟆说："不行不行，你太大了！"青蛙说："坐到我的西瓜船上来吧，大家挤一挤。"大野猪跳上来，青蛙的西瓜船又大了好多。

青蛙的西瓜船里真热闹，可蛤蟆的西瓜船里冷冷清清。

又来了一头大河马，大河马说："我也想坐西瓜船。"青蛙说："哎呀！我的西瓜船里已经坐得太满了，怎么办呢？"蛤蟆说："大河马，你到我的船上来……"

（原稿后部分内容略）

这个论题有点新意，也是作者课堂实践所得，写出来就有价值。如何写得更好一些呢？首先还是题目，这个标题有点像行政材料，可改为：童话引入政治课堂的教学尝试。也可以根据文章的主体内容添加一个副标题——以一节哲学复习课为例。

可分以下三个部分写：

一、童话引入课堂效果好。

二、对一个案例的分析及启示。

1. 找回童心，兴趣盎然。

2. 寓理于形象，深入浅出。

3. 智慧生成，高效政治课堂的目标达成。

三、童话的引入是创意化政治教学课堂的一次成功尝试。

这样的结构非常符合提出问题、分析问题、解决问题的逻辑顺序。

案例九

原稿

找回琅琅书声
——浅谈新课标下朗读教学的重要性

学生时代，我们经常在作文中写："走进校门，耳边就传来琅琅的读书声。"现在走上了讲台，却发现课堂上的琅琅书声与我们渐行渐远了。新课标要求我们的学生"能用普通话流畅地朗读，恰当地表达文本的思想感情和自己的阅读感受"。可事实上，自从小组讨论的教学模式走进课堂以后，学生的主体地位的确在课堂上得到了充分的体现，语文课堂也焕发出了新的

> 无论是主标题还是副标题都需要修改，"找回琅琅书声"是一种感受性描述，并不适合做论文的题目，"重要性"这样的词语不适合放在标题中。

> 很多教师写教学论文总要说新课标是怎么要求的，多了就变成了套路，会令读者生厌。

活力，但是在这个过程中，我们往往一篇文章一看完就开始讨论，开始交流，却忽略了朗读。

注重朗读是我们母语教育传统经验的精华，过去的私塾先生就一直在用，现在我们提倡新课堂，也要会用，并且要多用、活用。朗读的多重教育功能不可低估，它便于学生从整体上把握文段、文章的情感。由于不同的文章有不同的语言风格、情感基调，朗读便于充分调动学生学习语言文字的兴趣而不至于感到单调，所以，朗读不是语文教学基本手段的一种，而应是语文教学的一种基本手段。徐世英先生曾将朗读与讲解做过精辟的比较，他说："讲解是分析，朗读是综合；讲解是钻进其中，朗读是跃出纸外；讲解是摊平、摆开，朗读是融贯、显现；讲解如同进行解剖，朗读如同赋予作品以生命；讲解只能使人知道，朗读更能使人感受。"所以，在语文教学中，我们要找回琅琅书声。那么，如何把朗读贯穿在每一堂语文课中呢？我认为可以从以下几个方面入手。

一、激发学生朗读的兴趣

要找回琅琅书声，首先要激发学生的朗读兴趣。都说"兴趣是最好的老师"，只有学生对朗读感兴趣，他们才会主动地去读，积极地去读，琅琅书声才会真正回到课堂。那么如何才能激发学生朗读的兴趣呢？

1.教师范读，调动学生的情感体验，引起朗读的兴趣。

列宁说过："缺乏情感的认识便失去认识的深入，人的思想只有被浓厚的情感渗透时，才能得到力量，引起积极注意，记忆和思考。"范读的作用，在于调动学生的情感体验，快速走进课文，把握文章的感情基

"自从小组讨论的教学模式走进课堂以后……忽略了朗读"这个推理并不能成立。写论文开头不必"兜圈子"，直接呈现观点当是正确选择。如：语文教学中的朗读对学生语感的培育，具有不可替代的作用；语感强是表达能力强的重要标志。

"私塾先生就一直在用"这个论据证明力不强。我们不妨这样说：朗读在语文教学中有优良的传统，过去私塾常用的吟诵背诵的方法也有可学习、借鉴的地方。接下来便可直接引用徐世英先生的话。而第二自然段中一些属通理的、似是而非的话可删去。

调，引起强烈的朗读兴趣和求知欲望。"知之者不如好之者，好之者不如乐之者。"我们情真意切地朗读《赤壁赋》，同学们便穿越时空，感受苏轼由乐转悲再转喜的情感历程；我们低沉婉转地朗读《想北平》，同学们听得静静的，思乡之情油然而生；我们抑扬顿挫地朗读《听听那冷雨》，同学们似乎身临其境，听懂了那潮潮润润的雨声……在范读的过程中，一幅幅生动的画面，一幕幕多彩的情意，激荡在同学们富有创造的想象中，促使同学们去感悟文中的情和景，于是，我们的学生便跃跃欲试，想要一读为快了。

2. 教给学生朗读的技巧。

古人云："授人以鱼，不如授人以渔。"在教学过程中，一味地叫学生读是远远不够的，学生盲目乱读，感觉糟糕，反而会抹杀他们朗读的兴趣。所以，我们还要在朗读技巧方面加以指导和训练，从而增强他们的自信心，激发他们朗读的兴趣。

指导朗读主要从停顿、重音、语调、语速等方面着手。诗歌的节奏感比较强……

（原稿后部分内容略）

> 关于朗读的重要性，这不是新的见解，而是早有的共识，泛泛地讲朗读的重要性，没有太大的意义。

> 讲自己的做法与方法，这是好的，对读者有启发，但谈做法、方法也要形成自己的观点，这就需要概括提炼。

这篇教学论文的正标题下还有一个副标题。正标题"找回琅琅书声"十分抒情，而副标题中的"重要性"是不宜放在标题里的。文章的高下有很多评价元素，角度当为第一要素。该文的角度在哪里呢？文中并没有很明确地体现。那我们就找一个具体的角度吧。修改后的标题为：朗读教学课型设计及目标达成。

可分三个部分写：

一、朗读教学作为一种课型需要科学设计。

设计的原则和方法又可分三点说：

1. 趣的激发。

2. 情的浸染。

3. 意的领悟。

二、朗读教学作为一种课堂目标达成，着力三个维度。

1. 美感体验。

2. 情感升华。

3. 语感形成。

三、朗读教学的方法与途径。

1. 教师真情范读。（感染力）

2. 朗读的技巧训练。（专业指导）

3. 创意化朗读活动设计。（成就成功的平台）

4. 将朗读贯穿于语文教学全过程。

语言表达是写好教学论文的一道坎，教师要想迈过这道坎，就要多用分析性语言，少用或不用似是而非的套话、空话、大话。下判断要尽可能地准确恰当。如该文的第二自然段提道："注重朗读是我们母语教育传统经验的精华，过去的私塾先生就一直在用。"前半句所要表达的意思是"朗读是传统经验的精华"，这样说有点让人费解，不严密；后半句"私塾先生就一直在用"，这个论据不太合适，证明力不强。包括前面八篇的教学论文在内，都有语言表达准确度不够的问题。我们应当在论文的修改中认真反思、不断提高。一篇合格的教学论文少不了反复修改、精心打磨，以达到文从字顺、语脉连贯的基本要求。

怎样提炼教育教学的核心经验

高质量论文发表、高等级教学成果评奖、大媒体教育宣传的深度报道，都离不开核心经验的提炼。换言之，若不能提炼出核心经验，论文发表、成果评奖、深度报道等都会受到影响，或者说根本就不会成功。

当然，提炼核心经验不能说只是为了发表论文或成果评奖，提炼核心经验是许多优秀教育文稿形成过程中的应然选择。

犹记得多年前，我应邀帮助提炼苏式课堂教学的核心经验。"苏式课堂教学"是苏州市教育行政部门提出来的一个概念，其核心经验当然来自苏州市所属学校的课堂教学实践，也与苏州的特色文化息息相关。从历史的角度看，"苏式课堂教学"是苏州的特色文化长期孕育出来的。而什么是苏州的特色文化呢？其内容是丰富多彩的，指向则是一脉相承的。常熟语文特级教师薄俊生的课堂教学经验叫作"疏密有致的布局艺术，欲擒故纵的导引艺术，不露痕迹的渗透艺术"，这样的课堂艺术话语完全可以用来形容苏州的传统绘画（吴门画派）、传统刺绣、传统昆剧，还有苏州别具一格的园林艺术。这恰恰说明，苏式课堂教学及风格的形成，一定离不开具有2500多年历史古城文化的浸润。我们欣赏薄俊生老师的语文课堂艺术时，自然会联想到苏州传统绘画、刺绣中常用的散点透视、高远法则，还有分层、留白等技法原理，而苏州园林的造景风格（大胆泼墨轻轻一勾，错落撩拨稍加点缀，上下顾盼前后暗合，等等）对苏式课堂教学的风格也产生了决定性的、长远的影响。若要总结苏式课堂教学的核心经验，不能不了解、不联系苏州传统艺术的文化背景。在苏州市教育局要求各县级市（区）认真总结苏式课堂教学的核心经验时，我多次应邀走进课堂，与一线教师座谈交流，进而总结出三条苏式课堂教学的核心经验：一是易简而明道，重领悟启智；二是邃密而精一，重厚积增慧；三是缘情而致和，重浑然天成。这三条核心经验经刊物发表后，在全国形成了一定的影响力和辐射力。

近年来，江苏一批名校都形成了自己的核心经验。如无锡连元街小学在庆祝建校120周年之际总结出来的核心经验：

1. 童心留痕，花开有声——着力"四位一体"，把孩子导向自由发展的天地。

2. 质量立校，品质名校——着力"三课联动"，促进学校可持续发展。

3. 乐于奉献，敢为人先——着力两种精神，让教师从"人生的教育"走向"教育的人生"。

这三条经验既是过往办学经验的总结，更昭示着未来学校的发展方向。

无锡连元街小学的核心经验用于深度报道，苏式课堂教学的核心经验用于理论文章。这也提醒我们，无论是叙事体的教育报道，还是论述体的理论文稿，都需要提炼核心经验。

南京一所学校的思政教育改革很有创意，也取得了不错的成绩，他们尝试从以下几个方面总结、提炼核心经验：

1. 努力把"力学报国"的传统优势转化为思政教育的资源优势。

2. "力学报国"的文化基因与新时代高品质办学追求结合。

3. 思政教育四维空间的深度融合。

①课堂课程共生。

②课内课外共振。

③家庭学校共创。

④教师学生共进。

4. 核心价值引领力，红色基因代代传——红领巾少年党校的创建与思政教育方式的创新。

5. 以核心价值引领力，创新思政教育方式。

6. 以"力学报国"的价值体系擘画学校高质量发展。

7. "道德与法治"：活动化创新课堂如何彰显社会主义核心价值观。

8. 融中华传统与红色基因为一体的"力学报国"文化：特征、内涵、培育、践行。

9. 核心价值引领力，家国情怀感召力——思政教育的"合掌效应"与深度赋能。

10. 德育支撑力、美育创新力、心育凝聚力、文化向心力——"四力并举"打造思政教育新样貌。

11. 立足高品质，擘画新愿景，实现新发展——南京××小学"前瞻性思政教育"的强大引领力。

12. 以"力学"文化推动学校更高质量、更高层次、更高水平发展。

请思考这12道题目，哪些可作为论文用题，哪些可用作教科研课题，哪些可用于研讨会上的经验介绍，哪些可用于宣传报道的标题？这12道题目都是经验的提炼，它适用于不同的方面，都可成为教育教学的核心经验。比如，"努力把'力学报国'的传统优势转化为思政教育的资源优势"便可成为一个很好的思政教育研讨会的论题，"思政教育四维空间的深度融合"则可成为一篇思政教育论文的题目。

如果你是一位任课教师，如何把你的教学实践提炼为核心经验，再进一步对核心经验进行提炼，成为一篇高质量论文的题目？我们试举三例：

例1：这是一位小学语文教师写的论文题目"基于经验的小学生语文阅读'预测'的能力培养"。这个题目还是比较宽泛、笼统的，未能提炼出核心经验，小标题同样是这个问题。

题目可修改为：从"预测力"入手，培养学生语文能力的三个维度。

可分三个方面写：

一、调动直接经验"预测"，激发学生的兴奋点。

二、迁移间接经验"预测"，解开学习内容的疑难点。

三、集成综合经验"预测"，形成问题解决的思维力与语文水平的提升力。

例2：这是一位小学思政教师写的一篇论文的题目"进阶视域下道德与法治的课程主题学习的实践研究"。这个题目太长，显得累赘，语意不清。

题目可修改为：登、升、进、融——道德与法治单元教学"四阶"新范式。

四阶分别指：依阶而登、拾阶而升、仰阶而进、合阶而融。

"合阶而融"为最高层次，也是打通前"三阶"由外到内的教学范式的文化样态。

例3：这是一位中学历史教师写的论文题目"基于历史人物叙事的教学

设计",这个题目角度过大,未能反映出核心经验。

题目可修改为:引趣 激活 启智——历史人物"叙事化"课型的逻辑进路。

可分三个方面写:

一、故事性激发兴趣。

二、沉浸式活化场景。

三、结构化培育思维。

孔子提炼出的教育教学核心经验最为经典,如有教无类、因材施教、教学相长、学以致用、学而时习、循序渐进、持之以恒。

自20世纪80年代起,一些教师或学校总结出来的核心经验对提高学科教学质量、推动教学改革起到了很大的推动作用。例如:先学后教,以学定教;先教后学,以教导学。我自己总结出来的三条上课经验与四条备课经验分别为"内容要实在,过程要好听,效能要可验","大数据分析、轻量化设计、模块化集成、清单式操练"。这些经验在江苏省通州高级中学、江苏省天一中学等学校介绍,受到了肯定与欢迎。

还有一类常见的情况,上级主管部门召开工作经验交流会,学校按要求递交的材料往往不符合要求,主要问题是"只是面面俱到、冗长的工作总结,不作提炼……"。如某市召开"高三年级工作经验交流会",某校高三年级的教学工作做得很好,但所写的书面材料未能提炼出核心经验。以原文的五个小标题为例:

一、加强备课组内的教学研讨活动。

二、加强常规管理,促进教学质量的提高。

三、重视每一个学生。

四、师生思想统一。

五、精细化的管理是成功的保障。

这样写不是不可以,但未能凝练出核心经验,只是呈现出一些做法,讲一些通理。重新修改后的小标题如下:

一、思想引导、心理疏导、方法指导——"三导"结合综合施策。

二、流程化、标准化、制度化——"三化"紧扣精准管理。

三、灵活性、开放性、多样性——"三性"联动全面提升。

特别是第二部分内容，它的观点明确，经验和做法非常具体明了，内容也非常翔实。高三年级的教学工作是一个复杂的整体，但复杂的问题要简单化。化复杂为简单的方法，一是要管理流程化，二是流程标准化，三是标准制度化，最后还要强调人化与文化。这样，核心经验就被很好地提炼出来了。

教育随笔不可随便写

犹记得十年前，我在无锡市雪浪中心幼儿园讲"怎样写教育随笔"。讲座互动环节，一位教师问："教育随笔是否就是自由随便地写？"我回答："自由地写不等于随便地写。"

有一本书叫《字说字画》，两位小学语文教师看了都很喜欢，都写了一篇教育随笔。一位教师在教育随笔中这样写道：

《字说字画》这本书是××老师主编的，它和教材同步。在今天，越来越多的人开始重视汉字的学习，孩子要学汉字，在全世界，许多外国人也学汉字，如何激发孩子热爱祖国的语言文字，《字说字画》的随文识字就做得很好。

这段文字写得过于随便，语脉多有断裂，语句很不通顺。说"孩子要学汉字"，突然转到"许多外国人也学汉字"，如此"跳跃"，前后的文气就不连贯了。接下来一句"如何激发"与"做得很好"，前后应有一些过渡性阐述，与前一句一样，跳跃太大，就会犯句与句之间逻辑距离过远，文气不连贯的毛病。这样的教育随笔确实写得太随意了。

另一位教师同样就《字说字画》这本书写了一篇教育随笔，其中有一段是这样写的：

《字说字画》是一本特色非常鲜明的好书，它比字典好看，比语文书有趣，当故事读，字字入心；当图画看，美美入神……

这段教育随笔看似是非正式的溢美评价，其实隐含着作者的思想观点，而且在语言表达上较为幽默，而幽默则是语言智慧的高级形态。我们分析两位不同的作者就同一题材写下的随笔片段，得出的结论是：随笔是各类文体中的"轻骑兵"，选材、篇幅、行文方式及风格，有较大的自由度与开放性。但随笔也要遵循写作的基本规律，一篇好的随笔，一要有思想，二要有一点美感。现在写教育随笔的比较多，但人云亦云的也比较多。人云亦云的随笔，往往具有"随便写"的典型特征。有价值的随笔，那就是眼光的独特与思考的独到。南京金陵中学的教师带领学生参观南京中山植物园，教师引领学生观察两种花的异同，一种是牡丹花，一种是芍药花。牡丹花花形大，芍药花花形小；牡丹花花茎粗壮，芍药花花茎纤细。还有没有不一样的地方呢？同学们面面相觑，不得而知。教师稍加思考后告诉同学们，牡丹花与芍药花最大的不一样不是花形的大小、花茎的粗细，而是木本植物与草本植物之分。后来这位教师据此写了一篇教育随笔《教育要引导学生透过现象看本质》，该随笔的结尾是这样写的：

我带领学生参观南京中山植物园，要求学生细致观察牡丹和芍药两种花的不同之处，为什么花形的大小、花茎的粗细，同学们一下子就能看出来，而木本与草本之分，同学们就看不出来呢？因为根据植物学的分类性质，前者是现象上的差异，后者才是本质的不同。自然界是这样，社会中、生活中也是这样，多少人只为眼前的一点点个人小利（现象）而斤斤计较，这样的人往往会失去人生的长远（本质），从而背离人生的真正价值。

这样来写教育随笔，随笔的思想含量和意义功能就会提升到更高的层次。

前面我讲到有价值的教育随笔不能人云亦云。比如一些"名人""大咖"谈到教育问题，总会愤愤地说最痛恨"不能输在起跑线上"这句话。对于教育上的一些痼疾甚至乱象，狠狠地批评甚至痛斥"不要输在起跑线上"当然没有错。但我们不得不承认，择校之风、补习之风仍然存在，得承认家长面对教育问题时焦虑是正常的，一味地批评并不能解决问题。于是，我的一篇《在乎"起跑线"，更有"马拉松"》的简短教育随笔就形成了，该随笔被多种报刊选用转载，也引起了很多家长的共鸣，内容如下：

尽管有专家学者批评甚至痛恨"不能输在起跑线上"，但事实上，许多人，特别是家长，很在乎"起跑线"。"不能输在起跑线上"这样的想法或观念本身并没有错。无论做什么事，一出手就十分顺利，一出手就先人一着，一出手就抢得先机，如此情形当然会有利于成功。从来就没有人不在乎"起跑线"，而只是有人会忘掉人生是一场"马拉松"。人们应该记住，在乎"起跑线"的同时，还有"马拉松"的比拼，或者说更有"马拉松"的比拼。

曾国藩在历史上虽有争议，但也有人认为他恪守"诚意、正心、修身、齐家、治国、平天下"之中国读书人的传统，做了很多事，人生很成功。

不过，曾国藩的起跑线并没有先人一步：秀才考七次，贡生考三次。曾国藩连考连败，却始终没有放弃，后来在殿试中终于得了个三甲第四十二名的成绩。其实也如同失败，因为这个名次只是获得一个"同进士出身"的名分，并无实际意义。曾国藩沮丧之时并没有放弃，为了进翰林院他继续发愤，终于朝考名列一等第三名，道光帝阅其诗文后大为赞赏，拔为第二。

曾国藩的成功给后人什么样的启示呢？

第一，人生赢的是心态。人生不如意事十之八九。考试失利又如何？天塌不下来，世上也从无绝人之路。相信柳暗花明，相信长风破浪会有时，相信光明在前方。

第二，人生赢的是意志。"咬定青山不放松""千磨万击还坚劲"，意志坚如磐石的人才能笑到最后。

第三，人生赢的是修养。曾国藩除了具备在考试上不惧失利的心态与意志，他在日常生活中表现出来的则是修养、学养和素养。他规定自己每天得做三件事：写日记，读史十页，写二篇茶余偶谈。"此三事者，未尝一日间断"，真是活到老，学到老。

曾国藩的人生，集心态、意志、修身于一身，它们共同构成了这位社稷重臣不同凡响的生命品格，也让人体悟到：输在起跑线不一定就输掉了整场马拉松比赛；在乎起跑线，不如更在乎如同马拉松的整个人生的旅程。

如果说这篇教育随笔有成功之处，那么它的成功就是经社会观察后的独立思考。2019年，《扬子晚报》举行统编教材同步作文大赛，我作为评委，在南京市中华中学的总决赛现场，真切感受到家长，特别是小学生家长对孩子学习的重视，还有他们极其焦虑的心情。联想到一些专家学者总爱批评、抨击"不能让孩子输在起跑线上"，有感而发，才写就了《在乎"起跑线"，更有"马拉松"》这篇教育随笔。应该这样认为，独到的见解是教育随笔的灵魂，有感而发是写好教育随笔的条件。

国家出台"双减"政策后，教育问题再成热点。某杂志请我写一篇与"双减"话题有关的教育随笔。泛泛地谈"双减"的文章已有很多，因此还得找一个角度去写，还得有一个比较新颖的立意。我做了一个小调查，发现许多校长都认为真正的"双减"在于调动学生学习的兴趣。那么能不能就"兴趣"这个话题写一篇教育随笔呢？

兴趣不是一个新话题，"兴趣是最好的老师"，所有的教育工作者对此都耳熟能详，但如果还是从这个角度切入就没有新意。我想应该给兴趣分分类：一是先天的兴趣，二是后天的兴趣，三是潜在的兴趣。分清了类别，还得有自己的办法，即如何调动不同类别的兴趣呢？从语言建构与运用的角度看，需要选择合适的动词——先天的兴趣要保护，后天的兴趣要培养，潜在的兴趣要激发。保护、培养、激发，这三个动词配上去，便有了独特观点的雏形。再将这三者分门别类又连在一起论述，一篇有新意的教育随笔就形成了。这篇教育随笔的题目叫"兴趣的三个层次"，也可以叫"兴趣三说"，内容如下：

什么是兴趣？简单地说，就是因喜好而表现出来的积极情绪与意识倾向。兴趣也与大千世界的许多事物一样，具有相对性。

一说先天的兴趣要保护。

20世纪70年代，陕西省大荔县有一个22岁的青年农民史丰收，研究速算颇有心得，20位数乘法即刻报结果，华罗庚用计算器考验他也没他算得快。中国科技大学破格录取了他，2年后，他提前从中国科技大学毕业，致力于速算法的研究与推广。另一个相反的例子，同样发生在中国科技大学，天才少年宁铂不喜欢理论物理，他要求去南京大学天文系学习，学校没同意，这对宁铂造成了极大打击……史丰收与宁铂都有天生的兴趣，前者得到保护，后者备受打击。它再一次给人们的启示是：有教无类更要因材施教。

二说后天的兴趣要培养。

马克思说："只有音乐才能激起人的音乐感，对于没有音乐感的耳朵来说，最美的音乐也毫无意义。"兴趣从哪里来，大概率依靠培养。我在农村上中学时有一个切身的体会：高中的最后一个学期，学校来了一位体育教师，他姓俞。俞老师教我们打排球，全班70个学生之前从来没有人摸过排球，兴趣二字的前提都不存在。这位俞老师年轻时是排球运动员，水平非常高，也教得好，同学们都佩服。奇迹出现了，在俞老师的指导下，不到两个月，同学们都学会了排球的基本动作，懂得了排球的基本知识。在他的影响下，我也爱上了排球，上大学时体育课排球测试顺利过关，看中国女排打球，我也特别地激动。这也应了一条教育的规律：学会了就有兴趣。南京市游府西街小学的校长告诉我："'双减'后，学校开设了一些新的校本课程，目的就是培养孩子的兴趣。"让更多的孩子有自己的兴趣，是教师的职责。

三说潜在的兴趣要激发。

一个经典的真实故事是：我国著名科学家钱伟长高考时数理化成绩很差，物理只考了5分，数学与化学加起来只有20分。钱伟长的兴趣与特长是文史，他的作文满分，被清华大学历史系录取，朱自清十分欣赏钱伟长的文学天赋。1931年"九一八"事变后，钱伟长深信唯科学才能救国，缠住清华大学物理系主任吴有训要求转物理系。吴有训提出试读一年、各门课均要70分以上的转系条件。钱伟长刻苦攻读，如愿以偿。是家国情怀激发了钱伟长学物理的兴趣。钱伟长经常说："国家的需求就是我的兴趣。"钱伟长是我国力学研究的奠基人之一，他的成功之道启示我们，激发学生的爱国情怀和培养学生的民族精神是多么重要。我国电磁弹射研究之父马伟明院士说，自己就是看到郭永怀（我国两弹一星功勋科学家）在飞机失事时，以身躯保护核武器数据资料的壮烈事迹后深受感动，从而走上科研道路的。潜在的兴趣一旦被激发，将会爆发出超乎想象的能量，这就是精神的巨大作用和伟大力量。

在这篇教育随笔中，用了比较多的例子，这提醒我们：平时阅读和生活中的积累很重要。写随笔需要的例证如何能做到随时"调出"，这就需要我们平时注重积累。

对于参加工作时间不长的新教师，养成写教育随笔的习惯好处多多，可以随时把教育中的感悟写下来。比如说，一位小学三年级语文教师上课，教的是统编本小学语文教材第七单元的习作"我有一个想法"。课堂上孩子们非常活跃，一个同学说出了自己的想法，另一个同学提出疑问："我对你的想法有看法。"教师机智地启发学生："你的看法很好,那么你对问题的解决有没有具体的办法呢?"同学们就七嘴八舌地议论开来,许多同学大胆地说出了解决问题的办法,这堂课很好地激发了孩子的思维。作为语文教师,他当天就写了一篇教育随笔《想法、看法、办法——一堂作文课的思维火花》。正面的成功经验可以作为教育随笔的材料,反面的失败教训也能作为教育随笔的题材。你有没有失败的教训呢?通过反思形成的教育随笔往往更有价值。

高质量文本是项目申报成功的关键

项目申报书是很多学校的"必写文本"之一。项目申报有两种情况，一是给学校一个名额，按要求填写即可。当然，如果文本太差，被淘汰的情况也是有的。还有一种情况，有很多学校申报同一类项目，淘汰率非常高，这种情况下，文本的水平就显得非常重要了。以2020年江苏省"四有"好教师省级重点培育团队建设项目的申报为例，江苏13个大市，每个大市6个名额，怎么分配？各大市均从市一级的"四有"好教师培育团队中选。六七十个单位选六个，十分之九以上的淘汰率，文本的水平就非常关键了。文本的高下体现在内容与形式，但语言表达是门槛。

项目申报的文本应该是什么样的呢？不太成功的文本问题的症结在哪里呢？怎样才能让项目申报文本在竞争者中脱颖而出呢？

2020年，我应邀为××实验幼儿园修改江苏省"四有"好教师省级重点培育团队建设项目的申报材料。该申报材料写得很全面，也很感性，作为一个汇报材料或经验总结还是可以的。但如果参与淘汰性竞争，这个文本就得作重大修改甚至重写。写项目申报材料，特别是要在众多的文本中脱颖而出，要有构思意识。要想在竞争中与众不同，除立意新、角度好，语言还得简洁、富有美感。

首先是项目的名称，这相当于标题。一个好的名称，当然要有特色。这所幼儿园的所在地不但是水乡，而且是莲荷之乡，当地政府每年都会举办隆重的荷花节，已开展了很多年，每年的新闻报道非常有影响力。

莲荷又是中国古代诗歌中最常见的意象之一，它代表着高尚纯洁，这不正和教师的形象高度契合吗？于是"莲荷"好教师团队的名称就这样确定下来了。这个名称有文学意象，有地方特色，有品牌形象，与教师的形象吻合度高。

我是这样把"莲荷"意象一一牵引到教师群体的形象中去的：一是仁

爱奉献的精神品格，二是执着好学的专业品位，三是高雅正直的师表品行。如此形象的"三品"与习近平总书记提出的"四有"（有理想信念、有道德情操、有扎实学识、有仁爱之心）好教师的要求与希望在内涵上是一致的，这也是对新时代教师培养的国家战略的一种呼应。

一个项目申报要求有一个总的文本，也要有表格文本。无论是总文本还是表格文本，都要根据要求写。如这所幼儿园原来撰写的文本分为四个部分：一写"理清教师队伍层次，优化团队结构"，二写"立足教师专业成长，提升团队质量"，三写"促进教师共同发展"，四写"倡导教师以德育德"。且不说这四个方面的逻辑架构，最重要的问题是并没有体现自己经验的凝练和独特的做法，没有精准回应项目规定的内容陈述的要求。那怎样在文本中回应项目规定的要求呢？要说清楚"需要解决的问题"与"目标任务"。先说需要解决的问题，可分两个方面写：

一是有些教师的职业理想不够坚定，奉献精神、担当精神、进取精神不强，有职业倦怠的现象。社会上有一些人过于追求物质的现象对教师有负面影响。

二是该幼儿园介于城乡之间，事业的快速发展急需更多高素质、专业化、创新型的优秀教师，这也是促进教育公平最关键的因素。但优秀教师的数量严重不足，特别是对事业充满激情的创新型人才缺乏，这与该幼儿园的实际需求矛盾突出。建设"四有"好教师团队，是该幼儿园真实的内在需求，非常及时，完全有必要。

回答需要解决的问题，一是讲一下共性的问题，但要注意分寸；二是讲一下本幼儿园的实际情况；三是有一点自己的判断与看法。

接下来是"目标任务"的表述，文本中分三个方面说：

一是借省级"四有"好教师团队建设的东风，建立加快优秀教师队伍形成的园本培训机制，为教师的可持续发展提供保障。

二是以荷乡、荷情、荷韵文化为载体，以品格、品位、品行为莲荷意象，通过"三品"目标践行，实现"四有"培养目标。

好教师要求的真正落实，并通过"莲荷"形象塑造，形成幼儿园"莲荷"特色化、品牌化优秀教师队伍标识,从而促进全园教师队伍的整体优化,并对区域内幼儿园教师队伍的素质提升起到示范和引领的作用。

三是以此为契机,开启以全面建设"高素质、专业化、创造型"教师队伍为重点的幼儿园发展新征程,以"莲荷"教师团队的文化引领,形成幼儿园发展新格局。

写好"需要解决的问题"与"目标任务"虽然有难度,但"组建特色"与"文化建构"这两项内容的撰写要求更高。

先写"组建特色"。行文以"三个共同"为总揽,通过"三品"践行"四有"并形成逻辑架构。文本呈现如下:

共同的价值认同,共同的目标愿景,共同的发展追求,"莲荷"教师团队建设伴随着幼儿园教师精神文化的时代建构,它的鲜明特色为:用"三品"践行"四有",是立在高处的落地生根。它既是传统地域文化的创造性转化,也是本园传统教育文化的创新性发展。如果说"四有"是视野宽广、精深博大的新时代教师教育思想,那么"三品"就是本园教师日常工作中所表现出来的师德、师风形象。以"三品"践行"四有",角度独特,立意鲜明,目标清晰,符合本园实际,有较强的针对性和可操作性。

"文化建构"是难点,需要执笔者高度概括,提炼出体现核心经验的观点。具体内容如下:

与莲荷之乡的地域文化相呼应,相随于"莲荷"团队建设,幼儿园将逐步形成促进全园高位发展的三类文化。

1. 以"莲荷"为题材,精心布局重点打造"荷美"环境文化。

以莲荷主图设计为抓手,发挥已有绿色园景的优势,集成专业创作、教师创作、幼儿创作,借助厅、廊、亭、室、柱等,形成群图与文字匹配的大美环境设计。主图具有立意的统摄性,教师创作重在"三品"才情之追求,幼儿创作重在游戏化趣味的激发。浸润式莲荷环境之美也是美育工作的重要组成部分。

2. 以"莲荷"为意象,整体建构并全面践行"三品"精神文化。

它包含三个方面的内涵:

一是仁爱奉献的精神品格。习近平总书记殷殷嘱咐教师要有仁爱之心。莲荷依水而生,要求不多但奉献很多。莲荷为人类提供了物质和精神的双重食粮,它与"爱与奉献"的教育情怀高度契合。

二是执着好学的专业品位。习近平总书记明确提出好教师要有扎实学识。莲荷扎根水底的泥土,默默地努力向上,在风雨中,在阳光下,在黑暗中,在光明里,执着地生长,自由地舒展,既长成扎于泥土的莲藕,又开出浮于水面的莲花。执着地坚持,蓬勃地生长,主动适应环境,吸取天地间的营养,这也是好学之师、博学之人应有的学习态度与专业品位。

三是高雅正直的师表品行。"莲荷出淤泥而不染"是所有中国人耳熟能详的警句格言。习近平总书记要求教师要有道德情操,这与中国传统文化中的美德完全一致。而莲荷最具道德情操之象征意义。

3.以"莲荷"为标识,科学规划,分步实施"莲荷"园本培训课程,通过课程让学习落到实处。

以"素质、专业、创造"为导向,创新园本培训方式,着力以"素养浸润"和"学养提升"充实"三品"内涵。

以教师实践、专家引领相结合的方法,由"莲荷"园本培训课程拓展到"莲荷"园本幼教课程,促使师生共同成长,并形成"莲荷"园本课程文化。

如果说"组建特色"的描写深入明了,那么"文化建构"的精神品格、专业品位、师表品行便形象有致、富有哲理。

前部分写"组建特色",写"文化建构",接下来还要写"建设重点"和"内容架构",内容很容易重复。如何既符合要求,又能让评委眼前一亮?除了内容,在行文过程中还要注意角度的变化,其中也包括相同内容从不同角度进行表述等技巧、方法的运用。

"建设重点"写了三个方面的内容:

一是以问题为导向找出短板。针对教师存在的问题,如职业理想弱化、内驱力不足等,着力从"要我发展"到"我要发展"方面转变,促使更多的教师自觉成长,不断发展。

二是成立以园长为组长的"莲荷"教师团队建设工作小组,它既是"莲荷"团队建设的重要内容，更是"莲荷"团队建设的推动力量。

三是坚持"问题导向、过程导向、结果导向"的有机统一。"莲荷"团队建设将以制订科学测评标准为手段强化考核，以保证团队建设过程的有效、实效、高效。

细心的读者会发现，第三点写了三个"导向"，即写"建设重点"也不只是罗列工作的重点。要做到内容有观点，把观点化为凝练的经验。

关于"内容架构"。建设工作具体内容的呈现，关键是架构。能架构不容易，架构得好更不容易。

"内容架构"文本呈现如下：

一是一个目标、一种标识。即以"三品"践行"四有"，形成"莲荷"教师群体形象标识。

二是两重架构、两种途径。它们分别是"莲韵荷品"之意象架构，"品格品位、品行"之内涵架构。两种途径分别指园本研修和园外各种学习渠道及提升平台。

三是"三范"并举、三方协同。"三范"分别指师德的典范、育人的示范、教科研的模范。"三品"的核心元素就是师德，"莲荷"团队中的每一个成员都要经得起师德的考验。纠正"教书有余、育人不足"的现象在幼儿园同样重要，"莲荷"要强化育人意识。"莲荷"团队的成员站稳课堂与写好文章，一个也不能少。三方协同指本幼儿园、幼教研究机构、结对幼儿园的联动配合（我们将以××学院为主要专业支撑，又以自身能动与结对校互动相结合的方式，向品质化、高质量的方向快速发展）。

四是四层梯度、四项工程。从2018年起实施优秀教师培育工程，它的基本方式是分层次、有梯度，以及分类指导、分别对待，从而为"莲荷"团队培养了人才、积蓄了力量。实施优秀教师的培育工程的四层梯度是：入职初教时，适应调整时，优秀目标奋斗时，价值追求时。与之相匹配的四个等级为合格、良好、优秀、卓越。四项工程分别为"新芽工程"开展、"新苗工程"生长、"牵手工程"成长、"名师工程"发展。同时，根据专家建议，"莲荷"团队也将引入"适应型、优秀型、卓越型、教育家型"概念，多方面促进"莲荷"团队的冒尖发展和整体成长。

"一个目标、一种标识，两重架构、两种途径，'三范'并举、三方协同，四项工程、四层梯度"，它们既是学校的顶层设计，也是可操作的具体措施，这样的内容架构容易在竞争中脱颖而出。

这个项目申报文本最终使该幼儿园成为该市入选的唯一一所幼儿园。实践证明，高质量文本是成功申报项目的强大支撑。

校园文化设计创新及文本呈现

校园文化的设计，是艺术学、是文学、是哲学，也是语言学。如何把校园文化的设计构想转化为文本，这是一道坎。很多校长都认可这一观点，因为他们有切身体会。

上海南汇中学校园门口分立有两块不小的石头，走进宽大的校门，便可看到不远处横立着一块巨石。为配合90周年校庆，校长希望在这三块石头上刻上有教育意义的字，当然这也属于学校环境文化设计的组成部分。当我了解到该校十年前就有以"道"为总主题、总引领的系列校本课程的情况，脑海里马上浮现出中国传统文化中的"道、天、地、人"。我也想到小学一年级语文课本里"天、地、人"的字样。于是，我就建议在校门口的两块石头上分别刻上"天地人""精气神"这六个字，在校园内的巨石上刻上"尊道贵德"四个大字。这样就与学校校本课程的特色"道"自然暗合，这样的呼应便是对校园文化特色的一种强化，也是办学实践的自然升华。

社会上有很多专门设计校园文化的公司。其实，校园文化不应一味地被设计，校园文化应该在学校的办学实践中逐步生成，而在生成过程中需要用文字来总结、提炼。特别是当学校发展到一定的阶段，需要通过集中梳理，形成具有时代特色的校园文化时，那就得系统思考，找独特角度立意，用文字架构并形成逻辑。

文本的呈现要符合文章的基本要求。也就是说，一个好的校园文化设计及相应的文本呈现，就等同于一篇好的文章。

写文章讲究的就是逻辑、语法、修辞三要素。校园文化设计中的任何文本呈现都要遵循写文章的这三条法则。如一所学校要在长廊的墙上开辟一个教师学习专栏，校长要求设计者在专栏的左右两旁写一个对子。校长通过校内征集，便有了以下五组对子：

1. 展东外（学校名简称）教师风采　　育"四高"素养学子

2. 展示教师风采　　培育"四高"学子
3. 提升专业素养　　争做"四有"教师
4. 展技能亮风采　　争做"四有"教师
5. 展教师风采　　　做"四有"教师

校长对五组对子均不满意。为什么不满意呢？因为校长认为这五组对子像是喊口号，没有形象，没有美感。

修改后的对子是这样的：

杏坛才情趣校园满目春晖

师生精气神教育一路风景

接下来，校长让我修改食堂墙面上的一组文字，以"宽对"衡量，这也算是一副对联吧。原稿是这样的：

粒米当爱，须思来之不易

寸阴必求，谨记弃之可惜

这副对联立意还是不错的，要爱惜粮食，要节约时间。上联借用的是明清时期朱柏庐的《朱子家训》中的话："一粥一饭,当思来处不易;半丝半缕,恒念物力维艰。"下联则由唐代诗人王贞白的"读书不觉已春深，一寸光阴一寸金"的诗句转化而来。但校长认为该对联的用词，如"当爱""必求""谨记"有点僵硬。重新修改后的内容是这样的：

寸寸光阴点点时间不负青春年华

颗颗粮食粒粒辛苦感恩劳动人民

想起之前南京市长江路小学校园翻建整修后，楼、亭、池、路，包括食堂都需要命名。我建议校长让全体教师参与，再把全校教师的"命名"集中起来交给我，我则采取"迁移创新"和"集成创新"的方式，最后完成了令各方满意的教学楼与相关校内景观的命名。我在设计的时候还有意呼应、对接了该校著名特级教师王兰的"和谐教育"思想。同时，让教师参与校园文化的设计，其过程也成为学校文化的组成部分了。

校园文化的设计、构思是文本呈现的前提，难点是什么？最常见的难点是想法有了，甚至题材有了，但难以找到合适的词语和语句，将之有逻辑地关联起来。如有一所学校，因为地域的名称与"渡"有关，于是确定并有意打造"共渡"特色校园文化。这个想法应该说是合理的，但何以成特色呢？"渡"文化的学校并非只有一所，如果缺少独特的逻辑建构与意涵解读，一方面容易雷同，另一方面会显得比较肤浅，使得特色文化的"特色"意味不浓。

同样是"渡"文化，如果用哲学思维形成独特的角度，自圆其说，就能做到与众不同。

正确的做法是，从校训到校风、教风、学风做整体设计。

我们可先确定以"渡"为切入口的校训：自渡渡人。

"自渡"，人人都能想到，但它哲学意味不浓，显得比较单薄。"自渡渡人"，巧用顶针形成关联，并有了思维的创造空间。我们可以这样理解：自渡是能力，渡人是格局。这里面便有了德才兼备、允公允能之双重含义。这不正是优秀人才最宝贵的品质吗？如何做到呢？唯有不断学习，从学得的知识中提高认识；唯有不断实践，从学得的本领中提高能力。渡人的格局就是人生的境界。对此，我们也可以用三句话对其意义和价值作进一步的阐述：一是自觉觉人的高阶认识，二是自利利人的高强本领，三是自渡渡人的高远境界。这第二点，自利利人，指的是通过强大的本领去帮助别人，做好教育学生的工作。

接下来再构思校风：乐渡、竞渡、共渡。

"乐渡"也是好渡，"好"有喜欢的意思；"竞渡"是拒绝平庸、追求卓越的进取心；"共渡"可理解为美美与共的智慧之舟，师生于其中仰观俯察天地之象。

接下来我们顺着再讲三句话：

乐渡是平常日常的兢兢业业。

竞渡是进取拼搏的建功立业。

共渡是慧心慧眼的教育大业。

有了解释，便可通过转化，设计出好教师团队建设项目。我们不妨将之命名为"三渡"好教师团队。有一个好的命名，有特有的文化内涵，项目设计也就成功了一半，校园文化的创新设计及文本呈现也是一种高难度的文学创作。

再如，有意打造"水"文化的学校很多，如何让"水"文化与众不同？我曾专门为一所学校创作了一组以"水之境界"为主题的排比句，似诗似散文，内容如下：

水滴石穿，持之以恒，从不懈怠，乃一境也。

不惧艰辛，永不退缩，勇往直前，乃二境也。

谦让从容，不争不抢，适时调整，乃三境也。

寒为坚冰，柔中有刚，百折不挠，乃四境也。

自净他净，善解人意，仁爱包容，乃五境也。

云生雨落，能上能下，大自大在，乃六境也。

溪向大海，宽广博大，周济天下，乃七境也。

水就像一位没有任何瑕疵的圣人，虽不能至而心向往之。

同样是"水"文化，"以水为师"的角度与"水之真境"的诗文创作，便是具有独特性的校园文化设计及文本呈现。与文学创作一样，同样的题材，同样的生活，看你是否拥有发现的眼光，让看不见的东西被看见，并且有能力用文学加哲学的语言形成自己独特的表达。

学校文化的呈现，以"一训""三风"的设计与确立最为典型。文化公司专门为学校设计"一训""三风"的情况很普遍，但又常常被诟病。雷同是通病，更有一些明显的逻辑问题、语法问题、修辞问题。下面是一组"一训""三风"设计对比稿。

原稿为：

办学理念：面向未来，让每个儿童都精彩

校训：天天向上

校风：品行正，身心健，学识高

教风：启迪智慧，认知生命

学风：勤学、善学、敏行、乐行

这个"一训""三风"的设计有可取之处，用一下也无妨。请看下面的修改稿：

理念：阳光每一天，精彩每一个

校训：日新月异

校风：行当有品

教风：启智激趣

学风：学会会学

修改稿一是尽可能的简洁文雅，二是注重整体性，三是构词应彰显教育哲理。读者可对比、思考修改前后的变化。

解读学校文化，提升办学品质

学校文化的形成是一个历史积淀的过程，许多百年老校都有自己独特的传统文化。但随着时代的发展，如果没有目标愿景式的践行，学校传统优秀文化的育人功能就得不到很好的发挥；如果没有注入时代元素的认识与解读，学校的传统文化便难有创新性发展。

如××中学和××中学都是百年名校，都是县域中学，它们的传统文化及核心理念都叫"精一"文化。一样的名称和提法，并不意味着重复。前者在追求成为高品质高中的过程中，一方面对"精一"文化进行了追根究底式的挖掘，另一方面实现了概念的重构，赋予其新的文化内涵，使价值取向更具时代色彩。概念重构后的"精一"文化简称为"三个一"思维，即"始一之道体思维""第一之冠军思维""唯一之创新思维"。在此基础上，结合江南文化，建构"三精"特色课堂：

精讲循易简之道学会会学

精练行邃密之道积累累积

精思依解惑之道问道悟道

"三精"特色课堂的持续践行形成的"三精"风格课堂，定能为××中学的"精一"文化注入新的活力，也能为优秀教师成长（"四有"好教师团队建设）创造有利条件。

好的学校文化解读，有利于形成办学形象的提升力、教学改革的推动力、教育困惑的溶解力。特别是以教育传播力为追求解读学校文化，学校文化中的许多精彩细节就能被发现，平凡亦能上升为非凡，学校文化便可转化为源源不断的发展动能。

2015年，我参观浙江省杭州高级中学，在校园名人墙前看到了校训"善良、丰富、高贵、理性"，听了校长的演讲"做一个善良、丰富、高贵、理性的'杭高人'"。双方交流后，我对这所历史名校的文化作出了以下拓展性解读：

《做一个善良、丰富、高贵、理性的"杭高人"》，是校园演讲稿，是成长宣言书，也是文化播种机……

浙江省杭州高级中学与鲁迅、叶圣陶、李叔同、丰子恺、蒋梦麟等一批历史文化名人紧密相连，文化底色是"杭高人"的自豪，也让"杭高人"责任在肩。

"善良、丰富、高贵、理性"当属"杭高人"新时期之品质形象，也是"杭高人"新时代之文化追求。

常有人追问文化是什么？文化其实就是为别人着想的善良。

也有人说，文化就是根植于内心世界的修养。修养能否诠释为或等同于"丰富"与"高贵"？一个人内心的修养一定会相伴于他心灵的丰盈，相随于他灵魂的高贵。

当然，文化还可以有其他定义，恰如卢梭所言："人是生而自由的，却无处不在枷锁之中。"因此，生活中的文化又可理解为"以约束为前提的自由"，还有"无须别人提醒的自觉"。而这一切，无不要以理性之光为生命背景的支撑。

当今社会，物质至上、金钱崇拜迷离了多少人的神思，但"杭高人"依然相信人格与道德，依然执着于自由与人情，依然醉心于想象与超越。一方面，少数人价值观的癫狂与混乱，让有识之士不无担忧；另一方面，还有像"杭高"这样的集中教育场所与主流价值阵地，亦总有一些与"杭高人"一样的超凡脱俗和与众不同之士。

读《做一个善良、丰富、高贵、理性的"杭高人"》，我们不但看到了有梦想的教育工作者对文化追根溯源的挖掘，更看到了他们在目标愿景引领下对文化的自觉践行。"杭高人"正以始终不忘昨天，认真规划明天，好好把握今天的姿态，书写着一所历史名校的新传奇。

坚冰已经打破，航道已经开通。

怀揣理想出发，带着微笑上路。

"杭高人"光明在前！

"善良、丰富、高贵、理性"是校训,校训往往是学校精神文化的凝练表达。如何理解?传统深厚需要挖掘,岁月变迁需要继承,时代向前需要践行……这一切都需要对既有文化作新的解读。解读浙江省杭州高级中学的学校文化的一个落脚点是文化是"为别人着想的善良",我把著名作家梁晓声的这句话用到"杭高"的文化解读上,学校文化便有了新的视角。

江苏省沙溪高级中学也是一所百年名校,校长领我参观校园时,我注意到了操场旁的一面墙上醒目的六个大字:做自己的冠军。校长介绍说,百年老校在新的历史时期也有发展的瓶颈与困惑,但敢于争先的精神从来没有改变。如何根据自身条件与办学实际,把学校发展得最好?一方面,校长有自己的想法和见解;另一方面,校长也希望我对这所百年老校的文化作一点解读与提升。于是我就抓住"做自己的冠军"这一点,对江苏省沙溪高级中学新时代中的文化建设成就作了一点概括,作了一点解读。解读的题目叫"一位校长的冠军思维",内容如下:

"做自己的冠军"是百年老校江苏省沙溪高级中学(以下简称"沙溪高中")的校长与师生共勉共进的由衷感言。

当下主流媒体都在讨论"适合的教育"。什么是适合的教育呢?"做自己的冠军"就是适合的教育。它包括以下三个方面的含义:

1. 作为一种人才观,"做自己的冠军"是"人人皆尧舜,个个为人才"的全员性适合教育。

学校是集中教育的场所,适合的教育并非某些人所谓的"一对一的学业应试教育"。基于"做自己的冠军"的别样冠军思维,校长主张的是符合人才成长规律的全员性、整体性的适合教育。学校在办学的道路上也在"做自己的冠军"——努力办一所具有本土情怀、国际视野、中国特色的个性化地方名校,其强大的支撑力来自"人人皆尧舜,个个为人才"的坚定信念。

在沙溪高中,考试很重要,但能力更重要。既要考得好,更要能力强,"做自己的冠军"是一种以能力为导向的适合教育。

在沙溪高中,智商很重要,情商、心商更重要。"做自己的冠军"是以塑造学生心灵为指归的适合教育。

在沙溪高中，全才很重要，偏才也重要。"做自己的冠军"就是以挖掘学生特长、潜能为神圣职责的适合教育。"骏马能历险，力田不如牛。坚车能载重，渡河不如舟。"大树作栋梁，小树为门楣，就算是小草，也能为祖国增添绿色。谁又能说绿色不重要呢？做自己的冠军，简言之就是人人都能成为对国家有用的人才。

2. 作为一种价值观，"做自己的冠军"是一种建立自我、追求无我的超越性适合教育。

一位哲学家说："你不为自己，谁能为你呢？"教育的责任就是帮助学生建立自我，让每一个学生成为他自己。哲学家又说："你不为别人，你又是谁呢？"一个独立的自我，同时意味着心中要有他人。我有恩于别人要忘记，别人有恩于我却不可忘。哲学家还说："不是在现在，又是在什么时候呢？"自我的建立要以行动为条件。从自己做起，从现在做起，这是走向成功的永恒法则。

"做自己的冠军"是由"我"做主，"做自己的冠军"要有一颗感恩的心，"做自己的冠军"提醒你"做"才是拥有。

"做自己的冠军"要处理好"你我他"之间的关系。他处要蔼然，自处要澄然，忘掉自我的最高境界就是做人的超然。

沙溪高中有一个望月文学社，它的创立旨在用文学滋养学生的心灵，用阅读开拓学生的视野和胸怀。又有沙溪百年传统文化的继承和弘扬，包括校友王淦昌等科学大家的无形激励，"做自己的冠军"的内涵和意蕴又得以不断深化。它给予沙溪高中的学生更崇高的人生追求——责任、奉献、使命、担当，为中华民族的复兴而矢志不渝，这恰恰是最大，也是最根本的适合教育。

3. 作为一种教育观，"做自己的冠军"是对学生一生负责的适合教育。

著名企业家曹德旺由于时代和家庭条件的原因，没有读几年书，但他一生都在学习。曹德旺在很多的演讲中都曾谈到自己失败的经历，经得起失败，这是"做自己的冠军"所隐含的深层次意蕴。

"生活不止眼前的苟且，还有诗和远方的田野。你赤手空拳来到人世间，为找到那片海不顾一切。"狂沙吹尽，溪向大海，学校在践行与培育"做自己的冠军"的教育理念的过程中，也有效而生动地向我们展现了沙溪高中"适合教育"的真实样貌。

这篇文章在《扬子晚报》上发表，亦被多次转载，不但升华了学校文化，而且提升了学校的知名度与美誉度，对学校的发展与办学品质的提升起到了促进作用。

另有一些新办的学校，如苏州的文徵明实验小学，学校是新的，但校长巧妙利用地域文化元素，对新学校的文化愿景作出想象性的描述，还写出了论著《一所新建学校的文化想象》。校长通过解读学校的文化，构建了学校未来的模样，体现了思想的前瞻性和预见性。

"成果奖"申报的五个关键点

基础教育国家级教学成果奖的申报，学校和地方教育行政部门都很重视，而申报文本的形成，往往一波三折。学校做了那么多，做得那么好，申报时文字不过关，评奖时竞争力会降低很多。近年来，我先后参与了多所学校成果申报研讨及文字修改的工作，总结成功经验与失败教训，写就"成果奖"申报的文本不可忽视以下五个关键点。

一、标题观点化

如果说所有类别的教育文稿的标题都很重要，那么申报"成果奖"时，标题的拟订尤其重要。如"经历语文30年探索"，这个标题当然没有问题，但还是过于宽泛。后来标题有了变动，改动前与改动后的区别就在于有没有切入的角度，有没有明确的观点。改动后的标题为"指向轻负高质的初中'经历语文'30年探索"。后来成果申报者又把"轻负高质"改为"轻负优质"，最后该成果的标题确定为"指向轻负优质的初中'经历语文'30年"。改动后的标题虽然只增加了几个字，但它的指向性明显增强了。显性的指向为"初中"，这样这项成果的学段指向就非常明确了；隐性的指向为"轻负优质"，这四个字传递的信息量非常大，它正好呼应了"双减"，暗合了社会对教育公平的期待，呼应了国家的战略，成果的立意在不露痕迹中就得到了提升。标题越有指向，解决问题的针对性就越强烈，观点就越鲜明，成果的成效也就越大。

二、内容结构化

著名作家梁衡说，文章言之有物，还要言之有形。形即结构，就像建筑的结构，不同设计师的设计水平有高下之分。文章讲究结构，"成果奖"申报文本的形成同样讲究结构。如"成果概述"，虽然只有500字，但不可像快速写千篇一律的评语那样随意，500字也要精心构思，形成条理清晰的结构：一是总体概括，有所界定；二是范式勾勒，形成模样；三是过程简叙，略知因果；四是客观展示，彰显成就。

三、经验样态化

记得2021年8月17日的一个会议室现场，八位教育专家为一所学校的教学成果奖申报文本"会诊"。一位专家听了校长的介绍，当场问："这项成果的模样是什么样子的？看不出来。"专家的意见是：你的研究成果及经验要样态化。"样态化"即核心经验的概括提炼。如某县高质量发展走在全省前列，其成果样态如何以文字呈现？他们概括提炼出了"全城均衡、全阶优质、全面提升"的"三全"核心经验，又总结出了三条具体经验：从城镇到乡村的全城均衡，从"有学上到上好学"的全阶优质，从外延到内涵的全面提升。每条具体经验又分别列出了三条操作范本……这些均是他们在实践中总结出来的，可操作、可复制，是行之有效的原创成果，描述非常清晰，尽量避免了空洞的、通理式的口号文字。

四、价值主流化

有些"成果奖"的文本，没有体现主流价值观，明显缺少时代感。有些文本里的一些用词、提法，一看就比较陈旧。还有一些文本则有庸俗之嫌，如使用一些调侃的网络语言，用得不合适、不恰当，有点不伦不类。好的"成果奖"文本，字里行间都会与时代相呼应，语言活泼中有严谨，生动中见庄重。倡导"成果奖"申报体现主流价值观，并不意味着概念充斥、主题先行、生搬硬套。主流价值观要在文本中自然而然地体现出来，而不可特别地一一指点出来，这需要执笔者的智慧和语言的艺术。如在一所学校的"成果奖"申报文本中，没有讲清楚"学校精神文化的时代传承与建构"这一成果主旨，而是用较大篇幅讲宏观形势，如写"当前党和国家非常重视传统文化教育和红色基因文化传承"，这样写形式上彰显了主流价值观，但缺少具体的内容。我在修改时将成果的内容及主旨概括为三个方面，并形成三类精神文化：竞志文化家国精神——志气，励学文化担当精神——底气，敦品文化立人精神——骨气。这样就比较自然地与习近平总书记在庆祝中国共产党成立100周年大会上的讲话中对青年人的希望联系了起来。这样写，主流价值观也就通过生动可感的具体内容贯穿其中了。

五、观点金句化

这个要求不难理解，所谓金句，就是让人印象深刻，是过目难忘的精彩表达。梁衡说毛泽东是文章大家，大在何处？且不说诗词创作，就是论述类的理论文章，毛泽东也是金句频出。如《星星之火，可以燎原》这篇文章是用来消除包括党内的一些人对中国革命持有的怀疑态度与消极情绪的，并预见中国革命一定会取得成功。正是在这篇文章中，毛泽东写下了多句堪称经典的句子："我所说的中国革命高潮……它是站在海岸遥望海中已经看得见桅杆尖头了的一只航船，它是立于高山之巅远看东方已见光芒四射喷薄欲出的一轮朝日，它是躁动于母腹中的快要成熟了的一个婴儿。"

毛泽东的很多题词也是标准的金句，如为革命烈士刘胡兰题词"生的伟大，死的光荣"；为中国人民抗日军政大学题词"团结、紧张、严肃、活泼"；为体育界题词"发展体育运动，增强人民体质"……这些中国人耳熟能详的词句，是现代版的格言警句。那么，我们所要讨论的"成果奖"申报的文字材料中，怎么形成让人印象深刻的句子呢？吴江汾湖高级中学"闪光文化"创新点的归纳与解释中，就有不少金句，如"微光如炬""平凡非凡""每一个学生都是整个学校""用自己的光圈告诉自己的存在"……再如海安市海陵中学"成果奖"申报材料中的一句表达"从经历语文走向语文经历，由人生教育走向教育人生"，既概括了成果的主旨，又富有哲理，给人留下想象的空间。

需要提醒的是，不可为"金句而金句"，贴切、合适、恰当是前提。金句的出现，离不开深度的思考、深入的挖掘、深层的建构，金句的寻找也要在现实中发现可能，再将可能变成现实。它既要执笔者思得追根究底，也要想得超凡脱俗，用文学的眼光发现，用历史的眼光联系，用哲学的眼光提炼……一个"成果奖"申报的文本，在同样的条件下，往往只要出现两三个金句，便有可能脱颖而出。

写竞争演讲稿要有冠军思维

竞争演讲或者说竞争性演讲，它与一般演讲或常态演讲的区别在于前者有淘汰，后者则没有淘汰。后者在我们生活中是比较常见的，比如宣传劳模精神的巡回演讲、基础教育国家级教学成果奖的推广演讲等。

竞争性演讲也有很多，比如奥运会的申办，想拿到主办权是要竞争的，其中的一个重要环节就是所有的竞争者都得派代表上台陈述。所谓陈述，就是一种"竞岗"演讲。陈述者要用演讲的语言击败竞争对手，从而赢得奥运会的主办权。

2001年7月13日的莫斯科，一场关于2008年国际奥林匹克运动会主办权的争夺战在此进行，参与竞争的有中国的北京、加拿大的多伦多、土耳其的伊斯坦布尔、日本的大阪、法国的巴黎。何振梁是代表中国登台陈述的演讲人之一。中国能够顺利地拿到2008年奥运会的主办权，除了中国政府的重视、中国人民的支持、北京这座历史名城的独特优势，何振梁演讲得好也是一个重要因素。这个演讲稿短短六七百字，却表现出了情感之美、思想之美和境界之美。我们不妨对此作一个分析。

该陈述演讲的第一句：

无论你们今天做出什么样的选择，都将载入史册。

开头直切主题，充分肯定的语气中包含着对评委的充分尊重。评委听了这样的"好话"，当然会比较高兴——我们是多么光荣，我们的投票权是多么神圣，我们的任何选择都会载入史册，拥有如此荣光的各位委员很自然地就会与演讲者产生共情与共识。这开头一句既有精度，也有温度。接下来何振梁用了一个转折词"但是"：

但是有一种决定可以创造历史，你们今天这个决定可以通过体育促进世界和中国友好相拥在一起，从而造福于全人类。

我们知道，转折词有三种，一种叫重转，如"但是"；一种叫中转，如"然而"；还有一种叫轻转，如"不过"。重重的转折、中等程度的转折、轻轻的转折，说明转折用词有程度的差别。这儿的重转是为了强调前者和后者的区别，载入史册已经很不容易、十分荣光了，而创造历史就更加厉害了。怎样才能创造历史呢？潜台词是投中国的票，让中国成为第29届夏季奥运会的主办方，这就会创造历史。

为了进一步拉近与评委的距离，何振梁利用自己国际奥林匹克委员会委员的身份：

将近50年前，我第一次参加了奥林匹克运动会，那是在赫尔辛基。从那时起，我就深深地爱上了奥运精神。和祖国的许多同胞一样，我认为奥林匹克价值理念具有普遍意义，奥林匹克圣火照亮着人类前进的道路。

把自己放进去，有时间、有地点、有如潮记忆，更有深情回忆，浓浓的人情味让演讲现场充溢着友谊。而这种友谊是建立在对奥林匹克价值共同追求、共同认同的基础之上的。

承上启下部分充分体现了何振梁高超的演讲艺术技巧：

在我的生涯中，我一直梦想着将奥运会带来中国，让我的男女同胞在我的祖国体验奥林匹克理想永恒的魅力。

这一段，何振梁仍然打的是感情牌，蕴含着奥林匹克情、同胞情、祖国情。何振梁相信，同胞情和祖国情也能打动评委。

如果说前面更多是感情的铺垫、理性的判断，那么后半部分则自然而然地把评委引向投票选择的依据：

选择北京，你们将在奥林匹克历史上第一次将奥运会带到拥有世界上五分之一人口的国家，让十亿人民有机会用他们的创造力和奉献精神为奥林匹克运动服务。

何振梁通过"五分之一""十亿"这些数字的列举，等于直接告诉所有评委，由中国来主办奥运会，意义非凡。紧接着，他的一句：

你们所传达的信息也许将意味着一个全球团结新时代的开始。

这是一句具有高远境界的价值判断。至此，评委们大多已被他说服。最后何振梁非常冷静又非常诚恳地表明态度：

如果你们把举办2008年奥运会的荣誉授予北京，亲爱的同事们，我可以向你们保证，七年之后，北京将让你们为今天的决定而自豪。

一句"亲爱的同事们"，情感再一次强化，感情加态度，愿景和决心，何振梁的演讲打动了评委们，北京申奥成功，现场一片欢呼……

竞争性演讲，在学校的项目申报等活动中也会碰到。如南京有一所小学申报江苏省教育厅主持的"四有"好教师省级重点培育团队建设项目，全市有60多所学校申报，最终能够脱颖而出的学校只有6所，竞争十分激烈。南京的这所小学最初演讲的题目为"博爱领众，擢秀金陵"。大家讨论后认为这个题目只是一种状态的描述，没有观点，也缺乏有效信息，更重要的是没有自己的角度。后来把题目改为"'博爱、博学、博雅''三博'好教师团队"，"三博"和"四有"好教师有许多可以联系起来的地方。事实上，以"三博"践行"四有"的做法和经验，使这所学校脱颖而出。

最具代表性的竞争演讲就是"竞岗"演讲。学校、企业、公司，乃至国家事业单位、行政机关单位，都有"竞岗"演讲的机会。比如学校有比较多的中层岗位，谁能胜任呢？往往就会采取竞争上岗的方法。如你要竞选学校教科室主任的岗位，就要把自己的优势展现出来，这是一种实力的比拼，也需要语言的艺术。

竞岗演讲中也会出现这样的情况：某人明明被看好，为什么反而落选了呢？排除其他因素，竞岗演讲稿的优劣及演讲水平的发挥也会对结果产生影响。如何写好竞岗演讲稿，发挥好竞岗演讲的水平？有几条写作的原则，同样适合竞岗演讲稿的起草：抛出明确的观点，传达有效的信息，进行清晰的表达。还是以竞选学校教科室主任一职为例。一要说你的能力表现，如习惯于教学反思，习惯于梳理、总结经验，并把经验提炼为观点。二要有更"硬核"的表现：发表了多少文章，出版了什么著作，有什么教科研成果，特别是为学校的教科研做了一些什么样的事情，有什么样的贡献。有能力表现，还要有情感态度，如热爱、喜欢、甘愿奉献、无怨无悔。有了情感态度，还少不了规划好学校教科研工作的思路、设想和目标愿景等。最好能讲出几个明确的观点，设计出可操作的发展计划。当然，竞岗演讲还与演讲者的形象、气质、普通话等因素有关，但最重要的还是演讲的文稿水平及演讲的内容。至于说演讲比赛，那是名次的竞争，是另一种类型的竞争演讲。

在教学岗位上的教师，特别是语文教师，往往需要指导学生写演讲稿。不久前，南京市开展了以"宪法"为话题的全市中小学演讲比赛。有一所名校对这次演讲非常重视，最后的结果是这所学校的演讲选手以最高分获得了一等奖中的第一名。

为了让大家比较直观地感受具有竞争力的优秀演讲稿与竞争力比较弱的一般演讲稿之间的区别，在这里，我把第一名的这篇演讲稿的第一稿、第二稿和最后的定稿（第三稿）都呈现出来，以作对比。

演讲稿要求：以"宪法"为话题。

演讲时间：6分钟。

演讲篇幅：1500字左右。

先看第一稿，全文如下：

我心中的宪法

开头部分的内容有较强的教科书的风格，论述过于宏大。

这儿的内容不太像学生自己的表达。

宪法是什么？有人说，宪法是依法治国、公平正义；有人说，宪法是尊重人性、保障人权；有人说，宪法是规范权力、实现民主……

而在我心中，宪法是一部历史教科书。她告诉我们，在中国共产党的领导下，中国人民为国家独立、民族解放和民主自由进行了前仆后继的英勇奋斗，推翻了帝国主义、封建主义与官僚资本主义，建立了中华人民共和国。新中国的诞生使中国人民掌握了国家的权力，成为国家的主人。宪法规定我们的国旗是五星红旗，国歌是《义勇军进行曲》，短短的话语承载着无数革命先烈的信仰和鲜血，承载着我们中华民族的精神和脊梁。

广东的钟某，在舞狮表演中竟然用国旗当红布摆放祭品并脚踏国旗；某网站主播，公然篡改国歌曲谱，并作为自己所谓网络音乐的开幕曲；杭州的瞿某，通过网络平台长期贩卖亵渎董存瑞、黄继光两位英雄形象的贴画……这些践踏国旗、国歌，侮辱先烈的行为不仅伤害了民族情感，更违背了宪法精神，最终相关人员都受到了法律的严惩。

在我心中，宪法也是一把保护伞，为我们每一个人遮风避雨。当我们出生，宪法规定父母有抚养我们的义务；当我们求学，宪法赋予我们有受教育的权利；当我们成年，宪法赋予我们选举和被选举权；当我们毕业工作，宪法赋予我们有平等就业权和休息休假权；当我们退休，宪法规定我们的生活将受到国家和社会的保障……

如果你像罗彩霞一样被别人冒名顶替上了大学，你可以用受教育权和姓名权来保护自己；如果你像何健一样，本是学校优秀毕业生，却因携带乙肝病毒被工厂拒绝录用，你可以用平等就业权来维护权益……而所有这些权利都是宪法赋予的。

当然，我们在使用宪法保障自身权益的同时，也不能忘记履行义务，权利和义务相辅相成，不可分割。

在我心中，宪法还是一座灯塔，指引着祖国朝着伟大复兴的中国梦不断前行。宪法是国家的根本大法，是治国安邦的总章程，它明确规定了国家的根本制度和根本任务、发展道路和奋斗目标，为实现中华民族从站起来到富起来、强起来，指明了正确方向，提供了根本保障。

从1954年新中国首部宪法颁布实施，到今年中国共产党成立100周年，短短几十年，我们在宪法的引

对负面现象的批评没有错，但不要罗列得太多。

这些权利都源于相关资料，属于常识。

这部分内容也属于负面现象的罗列，太多的罗列，也有累赘之嫌；讲的都是很大的道理，又过于分散，自然就不符合优秀演讲稿的要求。

> 写得过于分散，随意转移话题。

领和保障下，顺利实现了第一个百年奋斗目标，在中华大地上全面建成了小康社会，历史性地解决了绝对贫困的问题。

2019年以来，新冠疫情肆虐，我们始终践行宪法提出的"以人民为中心"的原则，坚持人民至上、生命至上，在全球率先控制住疫情。如今，全面依法治国在我国已取得重大进展，我们正向着全面建成社会主义现代化强国的第二个百年奋斗目标阔步前行！

> 段与段之间缺乏内在的逻辑联系，语脉多有断裂。

法治兴则国兴，法治强则国强。作为一名中学生，一名祖国的未来建设者，我们应当将宪法精神根植于心，以宪为纲、遵法守法，以青春之我、奋斗之我，为法治中国，为民族复兴添砖加瓦！

本文主要的问题有：第一，开头过于宏大。第二，例子用得都比较突兀，几个主要的例子都是反面的，不是说反面的例子不能用，但正面说与反面说要有一个平衡。第三，最后一部分内容和第一部分内容以及中间部分的内容，内在的逻辑关联不紧密。第四，用语用句似官方陈述，并不是演讲人自己的语言。这样的演讲稿当然会显得比较平庸。

我们再来看第二稿，全文如下：

这一道关于"法治社会"的选择题，我再也不会出错了

> 开头制造了一个小小的悬念，以引起听众的兴趣。

虽然我还只是个初中生，但宪法让我吃了不小的"苦头"，这到底是怎么回事呢？

故事要回溯到一个多月前的一次语文考试，有一道关于"法治社会"正确写法的选择题。犹豫不决的我在"法治"和"法制"两个选项之间纠结了好久，最终，

我在临交卷的一刹那,将"法治"改成了"法制"。

走出考场后,我意外发现,和我一样分不清"法制"与"法治"的同学还真不少。有同学跑来问我选了啥,我心里顿时慌了神,但又不想在同学面前丢面子,于是斩钉截铁地告诉他们:"这道题,选'法制'肯定对!"

后续的结果大家应该已经猜出了答案,我毫无意外地在这道价值4分的选择题上丢了分,还额外收获了同学们不屑的目光:一向语文成绩优异的范雁乔,竟然也会犯下这种错误?这让我觉得很是丢人。但坦白说,我是真的分不清"法治"与"法制"呀,这两个词到底有什么区别?

同样的丢人决不能有第二次!我开始自己寻找"法治"的答案。通过查阅法律专业书籍,我发现,单纯地看定义,我还是理解不了。"法制"是法律和制度的统称,而"法治"是一种全新的社会化价值体系。这样的定义,对于尚且是初中生的我,显然是超纲了!

意外的是,关于"法治"正确用法的答案,我竟然在学校的一次宪法专题讲座上找到了。来自南京市中级人民法院的法官叔叔走进我们的学校,给大家带来了一场关于学宪法的讲座。讲座中,法官叔叔和我们聊起了"法治"的演变故事。原来,1982年颁布的宪法是新中国第一部社会主义宪法典,法律专业的老师们将它简称为"八二宪法"。在"八二宪法"此后多次的修正过程中,最显著的变化之一,正是"法制"到"法治"的演变。

1996年,第八届全国人民代表大会第四次会议出台的《国民经济和社会发展"九五"计划和2010年远景目标纲要》中,就郑重地将"依法治国"作为一项根本方针和奋斗目标确立下来。虽然用的还是"法制

与第一稿比,这一稿以叙事为主要表达方式。故事性明显增强。

"不屑""丢人"用词过重了。

短短的演讲时间里讲"法"的定义与概念,很难引起听众的兴趣。演讲稿的语言要有情感爆发力。

> 演讲稿用太多的篇幅讲解知识概念，显得冗长拖沓，缺乏可听性。

国家"的表述，但会议期间曾就用"法制"还是"法治"的问题召开了座谈会以征求意见。

后来，我国著名的法学家郭道晖爷爷，在中国法学会的一次会议上，率先给"法制"与"法治"作了区分，下了一个通俗易懂的定义。他说，"法制"与"法治"的区别，就好比"刀制"与"水治"。"制"字是立刀旁，可以称为"刀制"，这个字在我国的传统观念中是把"法"当作"刀把子"、统治工具或阶级斗争工具；而"治"的偏旁是三点水，可以称为"水治"，水象征人民，"水可载舟，亦可覆舟"。

> 演讲稿要多用自己的语言。

郭道晖爷爷的解释，让我明白了"法治"的核心定义，也明白了两个词的区别：宪法不是"统治人民的工具"，而是行为准则，依法来治理国家，任何个人或组织，包括执政党，都要依法而行。

1997年9月12日通过的党的"十五大"报告，正式确定"依法治国，是党领导人民治理国家的基本方略"。1999年全国人大通过宪法修正案，把"建设社会主义法治国家"和"依法治国"的基本方略写入宪法。

从"刀制"到"水治"，"依法治国"入宪法，承载了法学家们近20年的坚持，也让宪法更有人性化的温度。

> 这一段照搬第一稿，属于同样的问题。

听完讲座，我意犹未尽，回家后，又查阅了很多关于宪法的资料。原来，在我们的生活中，"法治"其实无处不在，宪法为我们每一个人遮风避雨。当我们出生，宪法规定父母有抚养我们的义务；当我们求学，宪法赋予我们有受教育的权利；当我们成年，宪法赋予我们选举和被选举权；当我们毕业工作，宪法赋予我们平等就业权和休息休假权；当我们退休，宪法规定我

69

们的生活将受到国家和社会的保障……当然，我们在使用宪法保障自身权益的同时，也不能忘记履行义务，权利和义务相辅相成，不可分割。

法治兴则国兴，法治强则国强，只有将宪法精神根植于心，以宪为纲、尊法守法，才能以青春之我、奋斗之我，为法治中国，为民族复兴添砖加瓦。

这一道关于"法治社会"的选择题，我再也不会出错了。我还要告诉更多的同学，主动给他们多讲一讲关于"法治社会"的故事。

> 开头至结尾，作者精心构思，有一定的可读性。但感染力不足，一些情节斧凿之痕比较严重。

第二稿与第一稿的写法很不一样，从题目上看，它的范围小，也体现了一定的角度。开头以故事切入，慢慢过渡到所要阐述的主题。但这个演讲稿有雕琢的痕迹，且较多地使用了教科书中的理论解读，情感不容易升华，最后也被否定了。

第三稿的写作，我在指导时提了三条建议：一是要用鲜活的题材，主要从正面去说；二要有打动人的故事；三要结构化，做到言之有形，篇章布局要漂亮。

为此，我先讲了三个革命先烈的故事给同学们听，再帮助他们架构逻辑，引导同学们从不同的角度为三个小故事立意，最后形成的演讲稿全文如下：

打江山·保江山·扮靓江山

习近平总书记说："人民对美好生活的向往，就是我们的奋斗目标。"党的宗旨——全心全意为人民服务，宪法的根本——一切权力属于人民。党的宗旨与宪法的根本在我们国家是如此相融，它绝不只是写在纸上的条文，而是真真切切体现在无数优秀中华儿女身上的自觉行动。

> 这个定位与连接很重要，即党的宗旨与宪法根本的一致性。

> 第一个观点：打下江山不是为了享受，而是为了让人民过上好日子。

党的宗旨与宪法的根本都可以化为一句话：江山就是人民、人民就是江山。你听说过甘祖昌入党参军，南征北战，50多岁时辞去职务，回家乡当农民的故事吗？他1927年入党，之后加入红军，立志跟着共产党救穷人。新中国成立后的1955年，他因功勋卓著被授予少将军衔，并在军队担任重要领导职务。功成名就的甘将军不愿躺在功劳簿上，毅然决然脱下军装，回家乡当农民，为改变家乡的生产生活条件做出了特殊的贡献。如果你看过由著名演员李雪健主演的电影《农民将军甘祖昌》，一定会记住一个特写的镜头：甘祖昌重新穿上已脱下多年的将军服，严厉要求地方干部打开粮仓救济灾民。江山就是人民，人民就是江山，在此以最感人的方式得到了诠释。

> 从打江山到保江山，注意其中的递进关系。

保江山，甘做隐姓埋名人，干出惊天动地事的黄旭华的事迹同样令人感动。黄旭华被称为"中国的核潜艇之父"。他年轻时告别大都市，告别家人，隐姓埋名，担任中国核潜艇的总设计师。无数个日日夜夜，无数次挫折失败，几十年如一日，国之重器终于诞生。核潜艇作为保江山的重要武器装备之一，它对中华民族的长久和平将产生重大的影响。

当我们在电视里看到习近平总书记为这位老科学家颁发共和国勋章时，定能感受到黄旭华院士这枚奖章的巨大重量与不朽价值。

> 注意第三个故事与前面两个故事的逻辑关联。

为人民打江山可歌可泣，为人民护江山可感可颂。今天我要讲的第二个故事是为人民建设江山、扮靓江山、可亲可敬的杨善洲的事迹。同名电影《杨善洲》每次放映都令观众动容流泪。杨善洲身为地委书记、高级干部，退休后扎根山林，经常风餐露宿，以常人难以想象的艰辛植树造林、改造荒山。改造荒山，荒山变青山；扮靓青山，青山披锦绣。杨善洲的无私奉献与为民造福的坚定信念换来了一方农民生活质量的大大提高和大凉山地区生产条件的彻底改善，干旱、山洪从此与大凉山地区的农民兄弟告别。以杨善洲为代表的好干部把宪法中关于人民当家作主、一切权力属于人民的国家性质书写在了祖国的广袤大地上。

一切权力属于人民，这是宪法的规定；一切为了人民，这是党章的规定；一切服务于人民，这是所有优秀党员干部的自我规定、自觉行动。打江山的甘祖昌拒绝坐享江山，保江山的黄旭华何不想饱览江山？装点江山、扮靓江山的杨善洲人生处处皆青山……宪法并不抽象，宪法不该陌生，宪法也有温度。触摸历史，感受宪法，无数的人们、无穷的远方都和你有关……

> 结尾总结全文，点题彰显思想意义与价值。

这篇演讲稿之所以能获得一等奖中的第一名，一是有鲜明的立意，二有自己独特的观点（党的宗旨与宪法精神的高度统一），三以打江山、保江山、装点扮靓江山为全文结构，一根红线贯穿，脉络清晰，结构完美。列举的三个故事都是正面的，生动感人，也有利于演讲者声情并茂地发挥。

出彩演讲稿的情志与思想

前面已有专题"写竞争演讲稿要有冠军思维"讲竞争演讲稿的写作方法，本专题主要是讲宣传、鼓动、励志类的演讲稿的写作要求。1922年12月27日，梁启超应苏州学生联合会的邀请所作的演讲堪称典范。

为什么说这是一篇好的演讲稿呢？

第一，有明确而鲜明的观点——成为一个不惑、不忧、不惧的人。

第二，有充分的理据。不惑需有智慧与常识。有智慧与常识的人就会有判断力，有自主判断力的人才会有自主的选择能力。不忧需有健全的人格，从人的本分到人生的格局。梁启超引用《礼记》的话："仁者人也。"梁启超又认为："宇宙即人生，人生即宇宙，我们的人格，和宇宙无二区别。能体验到这个道理，就叫做'仁者'。"不惧需有意志力。意志力来自光明磊落，来自牵制"劣等的欲望"，没有了一己私利，努力于社会进步，心系于天下苍生……这才是不惧的胆略和坚定的意志的真正原动力。

第三，有强大的逻辑。不惑、不忧、不惧对应智仁勇、知情意。逻辑勾连既工亦妙，具有很强的说服力。

这篇演讲稿的开头以发问句推开听者疑惑之门："为什么进学校？"接下来又以一问一答、层层深入的方式形成逻辑递进：进学校是为了多读书，多读书是为了求学问，求学问是为了学做人。做什么样的人呢？做智仁勇都具备的人，做知情意相统一的人。

梁启超的这篇演讲虽然已发表多年了，但它的情感魅力、思想活力、历史穿透力丝毫没有减弱。演讲稿这一特殊的文稿形式，若是写得好又演讲得好，它的功能和作用独特而巨大。想一想当年闻一多的演讲《最后一次讲演》，它何以让国民党反动派瑟瑟发抖！1963年8月28日，马丁·路德·金在华盛顿林肯纪念堂发表的演讲"我有一个梦想"，其梦想与激情的背后是对公平与正义的呼唤。在这一点上，《我有一个梦想》与《最后一次讲演》具有同样的社会意义和思想价值。从这个角度看，演讲稿的艺术魅力最终还得靠思想的魅力。

励志类演讲稿最为常见。如国家最高科学技术奖获得者、汉字激光照排技术创始人王选的演讲稿《我一生中的八个重要抉择》，是以自己丰富的人生经历为例，讲述自己的奋斗故事。这样的演讲稿故事性强、情感真挚，比较容易打动人。

写演讲稿有很大的自由度和灵活性。一篇优秀的演讲稿因人、因事、因对象、因具体的环境，内容和风格都会不同。丁肇中是物理学家、诺贝尔物理学奖获得者，他的一篇演讲稿《应有格物致知精神》的魅力来自严谨的科学态度与勇于探索的科学精神。科学家对客观事物的尊重，对真理的坚持令人赞叹。

有一次，一所中学让我开展一场作文讲座，我觉得常态化的作文讲座，学生恐怕听得多了。真正要写好作文，特别是写好高考作文，有较强的逻辑思维能力非常重要，我何不借此机会，建议高中生学点哲学呢？于是，一篇《中学生为什么要学点哲学》的演讲稿就此形成了。

2022年秋季开学，南京一所高中要我为高一新生作一场励志演讲。理想与激情，时代感与感染力，这些都是我在行文过程中特别注意强调的。这篇演讲稿被网络平台"凤凰大语文"作为"开学第一课"采用，收到了很好的传播效果。

还记得一次在江苏省苏州第十中学参加一个文学活动，活动中给我六分钟发言时间，我完全可以按常规讲一些客套话，但我准备了一篇小小的演讲稿，用演讲的方式完成了六分钟以内的发言任务，取得了明显的效果，受到了师生的欢迎。这篇《远离文学让我们变得平庸》的短小演讲稿内容如下：

文学是什么？我们为什么需要文学？我想起了2003年北京大学英杰交流中心的一次文学对话，这是当时北大附中的一名高二同学向在场的知名作家发出的疑问。

当今社会，泛娱乐化大行其道，虽然也讲文化，但一些新闻媒体给人的多是感官刺激，多少人都在娱乐与被娱乐中迷失了自我。

是的，我们为什么要强逼中学生去读鲁迅，我们为什么非要民众读张炜四百多万字的《你在高原》，不读唐诗宋词又会如何？

一位作家说："对当下的文学，我是悲观者。"另一位作家说："文学，从长远看，我是乐观派。"因为，远离文学，我们自身，连同我们的民族，都将变得平庸。

难道不是吗？你可以不读鲁迅，但你不得不敬畏鲁迅。有人说，一百个齐白石都抵不上一个鲁迅。因为鲁迅是思想家，鲁迅作为文学家的伟大，就在于他思想的深刻。"人生最痛苦的是梦醒了无路可走。"鲁迅在《娜拉走后怎样》中的话语，唤醒了多少中国人沉睡的意识，又激活了多少中国人麻木的躯体。

经常进行文学阅读，我们的思想往往能在崇高的美感中变得饱满起来，人的精神也变得更有弹性和张力。于是，我们就多了一份"铁肩担道义"的担当与责任，就多了一份"大事小事天下事"的情怀，就多了一种既能见微知著，又能察觉历史总体光辉的特殊眼光。

文学是一个民族文化和文明的最大载体和高度集成。文学以它不断创造文化、推动文明的历史而载入历史，它使历史不再是抽象的线条，它能让一个民族的全部知识、信仰、艺术、道德、法律、习俗，以及任何作为一名社会成员所获得的能力都有了性格的特征，都有了命运的起伏，都有了感性与经验的跃动，都有了让人触摸得到的日常生活的温度。

对文学命运的担忧是不是有点杞人忧天？文学架起了我和你的心灵桥梁，我们和它一刻也不能分离。如果你非要问，文学真的有用吗？那么我要问，你和朋友谈心有用吗？两人对弈有用吗？周杰伦来到青少年中间，他们也许会大喊大叫起来，有用吗？作家韩少功说："文学不是谋生之术，文学是心灵之学。"文学没有用，又有大用，当市场强调利润的时候，文学依然谈论人格与道德；当企业强调制度的时候，文学依然叙说自由与人情；当科学强调实证的时候，文学依然醉心于想象与超验。

有了文学，我们的精神就有了停靠的港湾；有了文学，我们的灵魂便有了栖息的场所。我们追求文学，就是追求思想的丰盈和灵魂的高贵。没有了文学，民族的历史就会杂草丛生，生命的旅程就会一片孤寂。文学的阅读相随于生命的品格。远离文学，我们将会变得平庸。

演讲稿的艺术感染力与情感冲击力往往是其他表现方式所不及的。这篇千字演讲稿取得了非常好的现场效果，在发表后又被相关报刊多次转载。

励志类的演讲稿如何才能做到与众不同？经验表明，一是哲理化标题容易脱颖而出，二是结构化、递进式观点（一般列三个观点、分三个层次）容易脱颖而出。

一位年轻校长参加省里的演讲比赛，演讲题目是"让青春在奋斗中绽放"。这样的题目给人的感觉似曾相识，属于口号性抒情。我帮他改了个题目"在可为时代做有为青年"。请注意"可为"与"有为"这两个关键词，前者指赶上了好时代，后者指青年人应有的奋斗姿态。这样标题就具备了独特的角度和思维的含量。在行文过程中，我建议他分三个层次写，并形成三个递进式观点：一是青年人的自律，也就是著名作家梁晓声讲的文化是"无须别人提醒的自觉"；二是"自燃"，即梦想与激情、热情与向往；三是自信，那就是有可为、可作为的信心和意志。实践证明，这样的演讲稿就能做到脱颖而出。

表格里的语言建构力

填表格看似非常简单，因为表格里不会出现长篇大论，一般二三百或四五百字即可，但要写好并不容易。

以基础教育教学成果奖的申报表为例，表格中的四个栏目最重要，分别是"成果概要""过程与方法""创新点""推广与应用"。申请单位和执笔人都认为"成果概要"和"创新点"不好写。

一个以研究孤独症为内容的课题申报，其"成果概要"一栏是这样写的：

孤独症的融合教育，即以学习者为中心，个性化提供改善其性格的一种教育探索，帮助他们最大限度地融入社会。十年的探索，树立了教育孤独症学生的自信心，确立了社会融合教育的内容，把教育贯穿于全过程，培养起孤独症孩子的关键能力，让他们成为社会的好帮手……

这样写不仅语言文字不够顺畅、不太连贯，更重要的是看不出成果。不多的文字讲的都是人所共知的一般原则及道理。重新修改的"成果概要"的架构如下：

孤独症儿童普遍表现为交流障碍与社会适应困难。通过多元聚合与医教结合，走出了一条转变孤独症儿童的创新之路。具体表现为：

1. 摸索并确立了意愿决定、指令回应、兴趣生成、人际沟通、倾向改变、技能训练六类训练培养方式。

2. 形成了"全员、全纳、全程"之三全教育机制。

3. 构建了"缘情、问智、致和"的层级化转化培育模式。

4. 发表论文、出版著作，介绍区域内的影响等（概括介绍），从侧面烘托"成果丰硕"。

5. 孤独症儿童转变的成功实例。

这个架构就是为了更清晰地呈现成果。有了清晰的架构，稍加说明，即可完整地传递出有关成果的具体信息，同时比较容易控制字数。

表格中的"创新点"概括,也是很有难度的。如南京一所小学的"四有"好教师团队申报表,也有"创新点"一栏。他们的概括被专家评定为"具象中有抽象,抽象中有具象",文字如下:

一是以"石抱树"景观为载体,体现学校的精气神,营造大气、豪气的"三博"教师文化。

二是以"爱满天下"为核心,以"强(专业强)、富(精神富)、美(心灵美)、高(境界高)"为发展追求,构建"三博"精神文化。

三是以"培养未来能在世界上自由行走的世界的儿童"为目标,以"才情趣"高品位影响学生,从而形成"三博"团队特有的行为文化。

"三博"(博爱、博学、博雅)"四有"好教师团队的文化创新点得到了比较好的概括。

再比如,江苏省海门中学的文化创新点的概括,用的是多点逻辑集成法——"优秀民族文化、红色基因文化、地域特色文化、大众普及文化"的"四化"融合,并通过创新性校本课程转化形成江苏省海门中学新发展阶段的精神文化资源。他们的"四园"精神文化是这样概括的——绿色校园的文化张力,书香校园的文化活力,智慧校园的文化魅力,人文校园的文化引力。虽然仍有推敲的空间,但它的结构与内容是比较完整清楚的。

有一类表格中有如"学生学习用书评议""图书主要特点"的栏目,字数一般要求三百字以内,撰写难度同样不小。某教研室与出版部门共同申报一套"初中语文读本",在"图书主要特点"一栏的填写中,原稿是这样写的:

本套"初中语文读本"充分体现了国家课程标准,大部分内容与统编本教材相配套,注重语文核心素养的培养,注重学生综合素质和能力的提高,对教师的教和学生的学都会起到切实有效的帮助……

原稿写了七八百字,而有效的信息并不多。这样填表,在竞争中可能会"吃亏"。修改后的内容如下:

1. 较高的目标定位。

以"培根铸魂、启智增慧"要求为根本遵循,用教材标准做教辅。

2. 科学的体例结构。

在主题、题材、体裁、单元知识点等主要方面呼应、配合统编本教材"双线组元"设计,"配套、弥补、超越",为国家课程校本化的实现提供优质资源。

3. 独特的原创元素。

与同类书相比,本套丛书不但原创文章多,而且彰显了教育专业出版的责任与担当,如《速写战"疫"四院士》《疫情中那些灿烂的细节》等原创作品,记录伟大时代,弘扬抗疫精神,是对中学生进行主流价值观引导的鲜活教材。

4. 精美的语言表达。

选文优秀、经典、自然,原创文字精致精美,帮助理解的文本解读也是优秀的阅读文本。

5. 课堂适用、教学实用、拓展通用,有利于培养学生的语文核心素养。

一是配合统编本教材的群文阅读;二是 12 部名著导读引导整本书阅读;三是为"对比教学"提供适切资源;四是着力思维品质锤炼的训练设计,将有力地促进课堂效能的提高。

对比可知,修改稿不仅字数符合要求,语言表达的方式也有明显的不同。字数少了,信息更有效了,书的特点也就更清楚了。

练就三类语言表达

2003年，我在北京大学英杰交流中心主持一个著名作家与中学生对话的活动，结束后我请应邀参加活动的著名作家莫言（后获诺贝尔文学奖），用一句话告诉中学生写好文章最重要的元素是什么。莫言稍加思考，提笔写下了"灵感就是语感，语感从生活中来，也从阅读中来"。莫言所指的语感究竟该怎样理解呢？在我看来，这里的语感指的是对语言文字高度的敏感度和领悟力。

写作学中把语言表达方式分成五种：叙事、描写、抒情、议论、说明。我们不妨从另一个角度将语感的形成分成三种类型：一为新闻语言，二为文学语言，三为哲学语言。提高写作能力，练就三类语言表达，让良好语感的形成水到渠成，写作能力的提高就自然而然了。

这儿讲的新闻语言是指以呈现事实为主要内容的表达。新闻写作的要点就是客观真实地报道，客观真实也就是呈现事实。如发生一起交通事故：交通事故的地点、时间？车辆受损情况？人员伤亡程度？肇事者情况？什么样的车辆相撞？要将这些情况一一交代清楚，用的是叙事表达方式，属于新闻语言。

南京新街口广场车辆南来北往，川流不息，紧挨着广场的各式商店门口更是人流如潮，熙熙攘攘。此时一辆小货车正绕着广场由西向东驶去，不料一辆送外卖的电瓶车此时由南朝北快速行驶，犹如脱缰的野马，猛地撞向了小货车车头侧面……一起交通事故就这样在大家的尖叫声中发生了。

这段文字用了描写的表达方式，这就是文学语言。如果说新闻语言能够清晰地讲述过程、传递信息，那么文学语言就是形象化地描述场景、生动地呈现场景，文学语言能让人印象更加深刻。

文学语言多用于叙事类文体，若应用于说理类文体，会使说理更加充分。毛泽东的政论文章文采飞扬，气势磅礴，经典的例子即《星星之火，可以燎原》中的一组排比句,其中就用了"航船、朝日、婴儿"等多种喻体来描述中国革命。

文学语言计毛泽东的政论文不但言之有理,而且言之有势,势就是气势的意思。再如毛泽东在《改造我们的学习》这篇政论文中,用"墙上芦苇,头重脚轻根底浅;山间竹笋,嘴尖皮厚腹中空"形容脱离实际,并无真才实学的夸夸其谈之人。由此可见,好的议论文,往往少不了文学语言的功劳。

这些写作知识虽然中学生都懂,但会应用、应用得好并不容易,需要通过大量的写作实践才能不断地提高应用的能力。

第三类是哲学语言。哲学语言多用于说理,概念的界定、定义的确定、逻辑的推导、证明力的强大……都需要哲学语言。哲学语言是检验一个人的思维是精细还是粗陋的试金石。

在中学生语文核心素养的培育中,重要的一条就是良好的思维品质。

写说理类的文章,应该熟悉一些基本的哲学语言,如任何事物都是对立统一的,普遍性和特殊性、个性和共性、绝对和相对,它们是矛盾的,也统一于客观事物之中……事物是对立统一的,事物也是由量变到质变的,量的积累会产生质的变化……事物由量变到质变,事物也会由肯定到否定,再由否定到肯定,这就是新旧事物的交替,也叫否定之否定。

写说理文章常用到的哲学语言还有:内容和形式的完美统一;透过现象看本质;不奋斗无青春的因果关系;在现实中发现可能,又善于把可能转变为现实的思想行动;偶然中的必然;大千世界的内在联系;人与社会的发展变化;一分为二的科学分析;等等。

对哲学语言的熟练驾驭,有利于写作能力的提升。当你学会了用哲学思维分析、用哲学语言表达,写作水平自然就会"更上一层楼"。

学会新闻语言,完整清晰地呈现世界;学会文学语言,生动形象地打开世界;学会哲学语言,冷静客观地发现世界、分析世界、阐释世界。

怎样起草领导讲话稿

领导讲话稿，绝不是如有些人所认为或想象的"官样文章"，起草时只要掌握"套路"即可。为领导干部起草讲话稿，其实很不容易。我多次为领导起草讲话稿，最让我难忘的一次是为有关领导起草纪念朱自清一百周年诞辰座谈会的讲话稿。该座谈会在北京人民大会堂隆重召开。朱自清是扬州人，江苏有关领导被安排讲话，讲话稿的起草真是一波三折，两次审稿都未通过。有关领导同志找到我，要求帮忙修改。说修改，其实就是重写，因为原稿的思路不对，思路不对就导致内容的不合适。如原稿中间部分的主体内容为分析朱自清散文的艺术特点，不是内容不好，而是在纪念大会上的领导讲话中大篇幅地分析朱自清散文的艺术特色，并不合适。

起草领导讲话稿，执笔者要做到"五考虑"：一要考虑身份，二要考虑场合，三要考虑主题，四要考虑时代话语和宣传口径，五要考虑组成内容的行文方式及整篇讲话稿的结构等元素。

作为讲话稿的起草人，正式动笔前的准备工作也是必不可少的。它包括比较具体地了解听众的身份、会议或活动的主旨及主办单位、讲话时长和顺序、重要领导出席情况，还要查找与搜寻和讲话稿内容有关的资料。

纪念朱自清一百周年诞辰座谈会带有政治与学术的双重色彩，主办单位是教育部、中共中央统战部。要我起草的这份讲话稿讲话时长为八分钟，八分钟以中等语速计，需要2500字左右。那么，起草时的第一要务，就是思考这2500字到底由什么内容构成，又如何保证每一项内容都与讲稿主旨相关、与讲话者身份相符，合适恰当的同时还得有一些精彩之处。"背影名文四海闻"，借用江泽民同志的一句诗作开头，接下来的内容自然转入对朱自清的评价，需要注意的是评价的全面性与概括性。朱自清首先是一位创作成就很大的文学家，他创作的散文《背影》《匆匆》《桨声灯影里的秦淮河》等经典名篇，打动了许多人的心。朱自清又是一位大学教授，也是著名的学者，他对中国古代文学、现代文学的研究，都有开创性的贡献。当年朱自清讲授中国现代文学史的相关体例和架构，有一些沿用至今。在为人气节上，朱自清宁愿饿死也不领美国的救济粮，充分表现出了有良知的中国知识分子的骨气和正气。这几个方面的内容便能比较完整地反映出朱自清一生的创作成就、学术成就，以及清正高洁的生命品格。接下来还要注意什么呢？我想主办单位之一中共中央统战部这个因素也应该考虑进去。"海峡两岸的专家学者都认同朱自清的文学成就及对学术的贡献。"事实证明，这个内容写进去，中共中央统战部的同志非常赞同。这也是写讲话稿的难处，方方面面都要关照到，既不能"不到"又不能过。还有重要的一点是，江苏的领导讲朱自清自然少不了"家乡"的元素和乡情的色彩，这让领导的讲话稿有了温度。

结尾怎么写，也有讲究。讲究的是时代感、是正能量——"当年朱自清对中国走向现代化、走向繁荣昌盛的向往和努力，正一步步成为现实……朱自清先生有知，当含笑于九泉"。讲话稿顺利完成，顺利通过审稿，领导讲话的效果比预计的还要好。

为领导起草纪念陶行知一百周年诞辰的讲话稿，此事虽然已过去了三十多年，但同样令人印象深刻，我是专门去北京，用了整整三天的时间才完成任务。那次讲话稿跳出了程式化窠臼，纪念会讲话讲出了独到的见解和观点，那就是把陶行知定位为"三家一斗士"："三家"即陶行知是一位伟大的思想家、实践家、革新家，"一斗士"是指陶行知是一位坚定的民主斗士。

以上对陶行知的几点评价，若是孤立地看，谈不上有什么新意。但把这几点用逻辑将它们勾连起来，就有了新意。由此可见，起草领导讲话稿，也要有创新，要发别人所未发，说别人所未说。

再比如很多暑期教师培训活动的开班仪式上，教育局分管领导总得讲点什么，也可以叫"开班致辞"。这种类型的讲话稿或致辞，会有一些共性的东西，如先讲"为什么要培训"。对于这个问题，可以这样讲：

培训即学习。学习对教育工作者的意义、价值和重要性，是题中应有之义。习近平总书记说："我爱好挺多，最大的爱好就是读书，读书已成为我的一种生活方式。"培训最重要的功能就是学习。为什么要培训？简单地说就两个字——学习。培训学习的一个明显优势就是向专家学习。向书本学习的同时，也要向专家学习。我们这次培训请来的专家都是学术素养深厚、水平一流，在相关领域具有很强影响力的专家。特别是一些实力超群的"大咖"，属于"稀缺"专家资源。通过当面聆听他们的学术观点，感受他们的学者风范，每一个参加培训的学员都将在培训中开阔视野、拓展思路、涵养品格、厚植情怀。

这段话首先强调了学习的意义，也为下面的进一步阐述确定了一个定位。接下来便可进入第二部分的内容，可以这样展开：

培训是学习，也是研究。

有的地区的教师发展中心也叫研训中心。培训即研训，学习与研究不可分离。要把研究、解决问题作为学习的根本出发点。教育培训也要以问题为导向。脑海里装着问题，希望解决问题，自然就要有研究的意识、研究的态度、研究的方法。我们希望这次所有参加培训的同志都能成为研究型学员。学而不思则罔，学而不研则盲。我们这次的培训班，从更高的站位看，也可以看作是一次非常有特色的专题研究班。

这部分内容重在讲"研"的意义与重要性。

那么第三部分的内容又是什么呢？如果说第一部分重在活动意义，第二部分重在研究思考，那么第三部分则重在应用收获：

培训重在学以致用。

这次难得的活动是培训、是研训，也是实训。什么叫实训呢？跟岗学习、现场学习是实训，而我们所指的实训有更宽泛的含义，它包括学以致用的学习方法论。都说学习是一把金钥匙，其实这把金钥匙指的就是学以致用。毛泽东在《改造我们的学习》一文中批评教条主义、主观主义，就是批评不善于思考的人，批评不会学以致用的人，批评只会从本本到本本，不能解决实际问题的人。毛泽东多年前关于学以致用的论述对我们今天的培训学习仍然具有很强的指导意义。

习近平总书记曾引用"学如弓弩，才如箭镞"来强调学习的重要性。实践证明，培训是非常好的学习途径，培训也能成为自身成长、专业发展之梯。希望大家珍惜机会，潜心学习，真正有得。也祝愿大家在×天的培训学习中愉悦身心，收获友谊！

至此我们可以看出，这篇简短的讲话稿的逻辑思路是：提出问题，分析问题，解决问题。

这篇讲话稿几近于万能文本，也就是说，所有教师培训活动的开班仪式，该文本中的内容也许都用得上，只要根据具体情况稍作调整即可。

另有一类讲话稿是比较宏大的，类似于重要会议的工作报告，一般会有一个起草小组，还会有几个执笔人，分工合作，最后由主要执笔人统稿。

领导的讲话稿，文体上一般为说理文。如某区召开发展大会，区委书记讲话稿的题目是"以创新驱动实现高品质绿色崛起"。题目即论点，主体内容及论证过程强调了创新、城市品质和绿色发展之间的关系，并以此彰显"崛起"的内在含义。

还有的领导讲话稿更像抒情散文。如某领导在全市招商引资项目推进会上的一篇致辞，开头就用了"风翻白浪""雁点青天""金秋十月""丹桂飘香"这样的描述性文字。

起草领导讲话稿也要有文体意识，一些礼节性的简短讲话稿还要有一点文采。

重要规划的制订与撰写

多年前，我参加过江苏省江阴高级中学的"十二五"学校发展规划（草案）的讨论。记得华东师范大学的一位专家提了比较多的修改意见，但我觉得作为一所学校的规划（草案）还是很不错的，符合学校的实际情况。当时主持讨论的江阴市教育局副局长要我提建议，我认为江阴是发达地区，经济总量大，人口数量多，文化底蕴深厚，教育水平高，江苏省江阴高级中学应有更高的发展目标、发展定位，那就是成为一所具有本土情怀、国际视野、中国特色的现代化高品质高级中学。我的建议得到了采纳。后来我又应邀参加了江阴市的"十三五"教育规划的讨论，记得我在讨论时提的一条建议是"江阴市要以更高的站位，回应广大人民群众对好学校、好教育的强烈需求"。我的这条建议也得到了采纳。如今，江阴的教育得到了长足的发展，大家偶然遇见，回忆当年讨论规划的情景，感慨之余，深感有没有规划、规划做得好不好，对事业的发展确实会有很大的影响。

"十四五"教育事业发展规划的制订，政府和教育行政部门都非常重视，但在制订过程中，也有困难。困难并不在于规划的文本形式，而在于内容。以南京市"十四五"教育事业发展规划为例，内容包括"十三五"期间的主要经验，"十四五"期间的主要挑战、总体目标、主要任务、保障措施等几个方面。主要任务的内容又包括以下几个部分：一是五育并举、立德树人，二是规范公平、优质均衡，三是内涵发展、提高质量，四是着力师资、优化队伍……当然，在主要任务下面，还顾及了学前教育、职业教育、特殊教育等。虽然做得很认真，有的学校甚至专门组织聘请了专家团队，作为一个研究项目去做，但内容雷同的比较多。几个规划文本放在一起，一模一样的重复话语占有相当大的比例。从"十二五"到"十四五"期间，我多次参与了教育事业发展规划的撰写或修改工作。2021年，江苏省宜兴市的很多学校都积极制订、撰写"十四五"学校发展规划。我在参与一些学校的规划制订过程中体会到：规划的文本落实，往往是规划形成的瓶颈。一个好的规划，既要"致广大"，也要"尽精致"，更要"向未来"。

下面是我参与制订的一所名校的"十四五"学校发展规划，通过旁批的方式，向读者们展示它的内容和形式的恰当之处。

引言

党的十八大提出"努力办好人民满意的教育"的目标，习近平总书记在全国教育大会上强调培养什么人、怎样培养人、为谁培养人之根本问题。

> 规划要与时俱进。

培养德、智、体、美、劳全面发展的社会主义建设者和接班人，是新时代赋予学校的根本任务与神圣使命。

> 这段表述是对国家教育战略的一种呼应。

如果说当前的教育发展有矛盾，那么，主要矛盾就在于广大人民群众对优质教育资源的迫切需求与教育发展不平衡、不充分之间的矛盾。××实验小学（以下简称"实小"）一要用自己的改革精神与出色工作，为弥补区域间的不平衡作贡献，并通过集团化布局与结构的调整，让学校达成整体和谐与可持续发展的目标；二要以更优质的教学质量和个性化的教育供给，实现教育的公平，让广大人民群众分享优质教育资源的同时，真正感受到教育的公平。

> "三化"结合，让人印象深刻。

中共中央、国务院2019年印发的《中国教育现代化2035》为中国教育的未来发展指明了方向，实小要思考如何把国家的战略转化为学校发展的目标和任务，并在实践中落实推进。"十四五"期间，实小的工作着力点为观念现代化、师资现代化和管理现代化的"三化"结合，以保证这所百年老校的可持续发展。

一、指导思想

自觉对接国家战略，努力落实立德树人的根本任务，用高质量发展彰显百年老校的魅力，用高水平推进树立区域名校形象，用个性化特色提升办学品位。

二、目标定位

一所具有本土情怀的特色学校。

一所具有国际视野的现代学校。

一所具有中国风格的标准学校。

一所迈入新时代区域性实验小学高质量发展、高水平推进、高品位提升的样本化学校。

一所让广大人民群众真正满意的品牌学校。

> 对目标定位有清晰具体的描述。

三、"十四五"学校发展规划的内容与实施——"333"可持续发展方案

（一）学校、教师、学生——"三位一体"整体推进可持续

1. 教师发展

实小作为百年老校，它的可持续发展要以正确的学校观、正确的教师观、正确的学生观"三观"联动思考为前提，即学校发展得好不好的唯一指标是学生发展得好不好，学生发展得好不好则以教师发展得好不好为前提。恰如习近平总书记所说："一个人遇到好老师是人生的幸运，一个学校拥有好老师是学校的光荣……"用发展教师来发展学生，用发展学生来发展学校，学校的发展既是教师发展的水到渠成，也能为教师的不断发展创造条件。实小的发展路径为：教师的发展—学生的发展—学校的发展。这是"三位一体"的发展链，也是"一体三维"的创新链。首先规划的是教师发展链。即把打造一支高素质的教师队伍，特别是打

> 这儿体现的是学校整体发展观，表现出很强的逻辑建构力。

造一个高素质的年轻教师群体，作为实小可持续发展的根本支撑。提出的问题是：培养什么教师？通过什么途径培养教师？以教师发展先行的实小发展规划，学校将从以下三个方面开展工作：

（1）建立全员学习制度

设立实小全员学习领导小组。由领导小组负责从学习形式到学习内容的组织部署与检查。

①学习党和国家的大政方针，强化政治意识、大局意识、核心意识、看齐意识。增强"四个自信"，做到"两个维护"，努力培育与践行社会主义核心价值观。

②学习法律法规，增强以法治校的自觉性。

③学习现代科学知识，开阔视野，提高科学素养。

④通过阅读优秀书籍，包括经典的文学作品，提高人文素养。

（2）开展全员校本培训活动

校本培训的目标：一是提高教师的学科专业素养，二是提高教师的教育专业素养。

①教师职业生涯的规划。

②做一个科研型教师。

③争当"四有"好教师的自我践行。

④教师专业发展的内生力与内驱力。

⑤教师的读书与修为。

⑥文化情怀与教师专业发展。

（3）实行导师制培养机制

一是利用好本校特级教师资源，以特级教师工作室为基础，组织本校优秀教师成立导师团队。

二是本着"不求所有，但求所用"的开放观念，聘请校外专家作为导师。

"333"可持续发展方案是一种规划，更是学校发展工作具体内容的样态化呈现。

从学习内容的确定便能看出学校发展的政治引领和品格提升。

培训的方向、培训的内容、培训的专题确定，具有可操作性。

常态化机制和机制的创新相结合，四类培养机制各有特点，又是一个完整的体系。

三是导师制的多种实现形式。如一人带一人，一人带多人，本校导师与校外聘请导师互补式的导师制。

四是形成竞争性培养机制，包括通过考试在内的综合打分，确定重点培养对象。对选定的重点培养对象，要通过任务书的形式进行目标管理与推动。

（4）开展"教学育人周"评选活动

①一个转变后进生的案例。

②一个帮助学生解决难题的实例。

③一次好的公开课。

④一次比赛获奖。

⑤一次作文批改的德育效应。

每月评出若干个教学课堂育人的案例。

> 接地气，可操作性很强，是实实在在的规划内容。

在"十四五"期间，实小要新增区骨干教师、学科带头人×名，市骨干教师、学科带头人×名，同时，涌现出能获得区、市、省级，甚至全国荣誉称号的优秀教师×名，省特级教师×名，以期初步改变名师数量偏少，缺少有较大影响力的学科教师等与百年老校不相符的师资现状。

> 这叫目标与任务导向。

（5）以校风、教风为基础，形成13条新时代实小教师的核心素养

追求事业，踏实工作；

知识丰富，开阔视野；

恪守师道，品格清正；

文化情怀，责任担当；

站稳课堂，写好文章；

心智阳光，身体康健；

能干能处，团结友善；

有情有义，致和亲和；

> 确立学校教师的标志性形象，这便有了教师文化的意味。只要在"十四五"期间认真践行，将对学校师资队伍的建设起到较大的促进作用。

热爱生活，喜欢读书；

守时诚信，言行一致；

温良谦让，彬彬有礼；

注重仪表，整洁尚美；

讲究卫生，遵守公德。

2.学生发展

（1）实小的育人目标

以"立德树人"根本任务为总领，以思想品德、学业水平、身心健康、艺术素养、社会实践五项素质指标为参照，培养德、智、体、美、劳全面发展的社会主义建设者和接班人。

> 这儿的几点内容是国家层面上的要求，写好规划要注意平时对国家教育政策的学习与领会。

（2）实小的育人路径

坚持个性发展与全面发展相统一的原则，彰显实小学生的发展水准和个性特长，努力探索学生的身体素质、心理素质和社会文化素质几个方面的培养途径，搭建成长平台，形成发展优势。

（3）实小的教育理念

①文化的根——传承教育。

②智慧的脑——赋能教育。

③温暖的心——点亮教育。

④健全的魂——唤醒教育。

⑤全面的人——博雅教育。

> 五点归纳是措施，是途径，是方法，更是本校学生的标识性素质。

（4）努力形成实小学生素质、能力的标识度与辨识度

①做一个彬彬有礼的小儒生。

人人懂得行合适的招呼礼——称呼得当，语言得体，行为优雅。

人人写得一手标准的中国字——认真正确，整洁

> 具象化内容，指标化要求，清单化设置，就能做到精准高效。

干净，漂亮有范。

人人学用经典古诗——能背诵、吟唱课本里的经典古诗。

②做一个动手动脑的小能人。

打造实小"两棋、三能、五艺"及"三会"学生素质标识，做到人人都要会其中的一项或几项，从而形成实小学生素质的整体辨识度。

"两棋"指围棋与象棋，以有趣味的高雅文化培养学生的专注力，"两棋"也是中国传统智慧文化的结晶。

"三能"指游泳、电脑、体操三种技能。

"五艺"指版画、手工、泥塑、刺绣、篆刻五种技艺。

"三会"指会唱歌、会乐器、会画画，成为小小艺术家。

A. 会唱十首经典歌曲。

B. 会一种乐器。

C. 会一种中国传统绘画技法。

"两棋、三能、五艺"及"三会"是实小实施素质教育的指标化落实。并不是说每一个孩子都要达到所有的要求，但每一个孩子至少要选其中的一样，达到比较喜欢并熟练掌握的程度。

3. 学校发展

根据学校目标定位：

一是办一所具有本土情怀的特色学校。它的主要内涵是传承百年老校的文化，彰显古都地域优势。

二是办一所具有国际视野的现代化学校。它的含义是高起点规划学校未来，展望世界科技发展趋势与未来竞争，创新人才培养的方式。

三是办一所具有中国风格的标准化学校。它的含

> 描述"两棋、三能、五艺""三会"学生素质发展的具体内容。

> 强化学校文化内涵的提升。

义是严格按照《中国教育现代化 2035》的要求，从硬件和软件两个方面，一步步推进学校的发展。

四是办一所迈入新时代高质量发展、高水平推进、高品质提升的区域化样本学校。它的含义是为落实"立德树人"的根本任务，处于长三角地区又位于省会的百年老校应如何做到对区域同类型学校有所示范、有所引领，从而助推全区学校高质量发展，并形成实小智慧，贡献实小方案，彰显实小力量。

（二）课堂、课程、课题——三课联动质量"硬核"铸品牌

1."向 40 分钟要效益"的课堂教学改革

课堂是教学的主阵地，课堂也是教学质量的主要保障。作为一所实验小学，未来的实小要在课堂效率上有明显提高，要在课堂风格上有明显突破。课堂效率不高是通病，也是顽疾，原因是多方面的。一是提出"向 40 分钟要效益"的口号，目的是强化每一位教师的效率意识。二是分学科制订出实小一堂好课的标准，拟分别以优秀、良好、合格、不合格四个等级制订出相应的标准。三是强化好课形成的组织措施，并制订出相应的奖惩制度。四是通过学习培训，提高教师的学科教学水平，其中包括备课与上课两个方面能力的提高。

好课的形成要通过教师的行动去落实、实现。实小要涌现出更多的科研型教师，而培养科研型教师，实小应鲜明提出站稳课堂加写好文章的学习要求及提高途径。其中课堂是第一位的。每一堂好课的总体追求，实小将之简化为三句话：一是内容要"硬核"，二是过程要有趣，三是效能要可验。

学校将以课题研究的方式推进。

> 对学校发展定位的描述，既要对接党和国家的教育方针，也要符合学校自身的特色。

> 制订标准有利于评价与考核。

> 关注课堂、重视课堂，就是抓住提高教学质量的主阵地、主渠道。

> 三句话概括性强，个性鲜明，反映并遵循了课堂教育的规律。

课题方向是以效率提高和风格形成为追求的"四有课堂"的打造。"四有课堂"是指有序、有机、有趣、有益的课堂（课题内涵及解读做专门设计）。同时，这一课题的设计将促使实小教师的专业发展真正落到实处。学校将通过课题，以项目化推进的方式培养校、区、市三级骨干教师，随着"四有课堂"的成熟，一批年轻教师将脱颖而出，迅速成长。提高课堂效率，形成风格化课堂，打造出真正的"四有课堂"。学校将从多方面创造条件，其中的一个着力点就是把师资队伍建设与打造好课堂结合起来，从而使课堂改革与教师成长同步化。

> "四有课堂"，从概念的提出到实践的研究，这就是科研。

拟将××年确定为实小"课堂年"，并有针对性地策划活动。

①校内赛课。

②说课示范。

③组织课堂改革联盟校。

④聘请学科专家点对点指导。

⑤开展"课堂上的我"校内演讲比赛活动。

⑥开展好课标准与学科专业水平评估研讨。

> 这是非常具体的活动策划，这样的规划，不仅有"骨架"，而且有"血肉"。

2. 体系化课程：学生个性发展与全面发展相统一的平台支撑

"十三五"期间，实小致力于课程实践，并在丰富实践的过程中不断提升课程建设的能力。在课程建设的基础上，实小要进一步拓展课程发展空间，致力于体系化课程的全面构建与逐步完善。

（1）国家课程的校本化落实

至2019年，统编本教材已全面使用，新的国家课程标准已全面执行。以教育部统编本教材为载体的国家课程校本化实现，是实小课程建设的第一要务，其核心工作内容是如何通过课堂主阵地加以落实。实小学科优秀教师的集群化培养，实小"四有课堂"的研究探索，以及打造具有鲜明特色的实小课堂风格，是国家课程校本化实现的最根本的举措。

（2）个性化与多样化校本课程的开发

确立"人人尧舜，个个人才"的教育观、人才观，实现途径与有效载体就是多样化校本课程的开发。打造体系化课程就等于给了学生自主学习的选择权，这也是现代教育的一个显著特征。课程的多样化相随于课程的个性化。实小将通过自身的实践，完成个性化与多样性相统一的体系化校本课程的科学建构。

课程模块与主体内容为：

①人文课程：古诗鉴赏与诗歌创作、经典阅读入门、中国的节日文化。

②科学课程：未来颠覆性科学技术普及课，科学实验奥秘、山水课程系列。

③劳动体验课程：农耕文化、栽桑养蚕。

④艺体课程：京剧脸谱、武术操、话剧、水墨画。

与课程设置相适应的是课题研究项目的设计，从而形成实小体系化课程的建构专项课题。

（3）大、中、小课题"三结合"研究模式

教科研当成为提升实小办学品位的一个重要抓手，但教科研不接地气的现象，在许多学校不同程度地存在。实小"十四五"期间教科研的一个重要突破，就是要与课堂、课程协同联动起来，并达到三个促进、三个有利于：一是促进课堂教学改革，有利于提高教学质量；二是促进学科教师的专业成长，有利于提升一线教师的教学水平；三是促进课程体系化、科学性的形

提高教师与学校的课程建设能力，这个要求有点高，但这是学校高质量发展的必修课。

四大类课程为学生的全面发展、个性发展提供了广阔的空间。

未来颠覆性科学技术普及课，这个课程内容具有前瞻性。

"三结合"研究模式是创意，也是观点。

"二个促进""三个有利于"概括性强，辩证而全面。

成，有利于实小课程能力的建设，进而提高实小内涵发展的自我造血能力。

课题研究将分为宏观、中观、微观三个层面，与此对应的是学校、教研组、个人三个层次。

宏观：学校层面将重点抓两项课题的研究——一是"有序、有机、有趣、有益——效率化、风格化'四有好课堂'的追求与形成"，二是"体系化课程的实践与构建"。

中观：教研组层面，课题内容由教研组提出。

微观：课题内容由学科教师提出。

> 列出学校层面的课题研究，这就叫顶层设计。

（三）"十四五"期间的三大工程构想与推动

"十三五"期间，实小积极开展读书活动，倡导师生多读书、读好书；积极开展智慧校园的建设工作，实现智能化管理和高品质提升的结合。"十四五"期间，要在原有工作的基础上，致力于建设书香校园工程和智慧校园工程。前者旨在让读书成为师生的习惯，后者旨在实现校区局域的信息化、智能化。在建设好两项工程的同时，启动实小"大美育工程"，它的基本内容与目标包括以下三个方面：

> 稍稍回顾、总结一下学校在"十三五"期间的经验与成绩，有必要，但不可说得太多。

一是通过艺术教育课程的强化，提升学生的整体艺术素养。

二是形成以审美与鉴赏能力提高为目的的课程化、社团化培养方式。

三是与真善美、才情趣相统一的道德情操与高尚志趣的培养。

> 有概括，有一定的理论色彩，规划也有理性思考。

（四）把后勤保障纳入学校整体发展的规划之中

1. 硬件配套功能化

进一步优化现有硬件配套，从功能定位、区域分割、及时更新、定点定人等方面实现资源利用最大化、最优化。后勤部门要制订具体规划以进一步细化与落实。

2. 卫生安全全域化

针对新的公共卫生管理要求，全面检查、筛查影响公共卫生保障的缺口和短板。通过问题清单，倒逼解决方案的明细与精准，做到公共卫生与学校安全保障不留死角。

> 有时学校会把后勤保障遗漏掉，这部分内容的遗漏无疑会是规划的遗憾。

3. 资源利用科学化

开源节流，盘活包括经费预算在内的存量资源，争取政府和社会更多的支持，力求让实小跟上因时代快速变迁而出现的社会对教育的新要求。如信息化与智能化校园建设、学生社会实践条件的创造等，都需要筹划、谋划、计划。同时，要通过创造性地开展工作，为实小的可持续发展、为实小的高水平推进构筑强大的背景支撑。

> 筹划、谋划、计划，注意这三个动词的逻辑顺序与不同含义。

（五）形成从制度走向文化的学校管理新样态

作为百年老校，也是区域名校，实小最核心的优势就是文化的一脉相承，但在新的历史条件下，这也带来了种种管理上的挑战。物质至上及拜金主义，也不同程度地影响着校园。年轻教师的人生观、世界观、价值观的认识误区会不同程度地存在。实小"十四五"的管理着力点就是有一个好的师风。实小要涌现出更多的事业型教师。要把"有爱就有教育"作为实小教师的格言。通过"爱教育、爱学校、爱学生"的"三爱"教育活动，实小要真正形成"三爱"教师文化特色。至此，实小的管理就会迈入一个全新的境界。"无须别人提醒的自觉""根植于内心世界的修养"，它的标识性要求就是实小教师的13条核心素养，当然这并不影

> "三爱"教育活动，又是一种逻辑建构，注意它们的层次分类。

响科学的绩效奖惩制度的执行。

教师文化的形成是管理文化的总纲，师风好了，学风、教风也就包含于其中了。

（六）以生态化思政教育促进学校内涵发展跃上新台阶

"十四五"期间，实小将在"立德树人"根本任务的引领下，在观念上完成从教人到育人的转变：

一是加强理想信念教育的铸魂教育。

二是强化社会主义核心价值观的价值引领教育。

三是形成、推进"三全"育人的新模式，即全员、全程、全方位。推进"三全"育人新模式的一个重要内容就是生态化思政教育。要把"思政课+"作为改革思政教育的新尝试，形成思政教育合力。通过课堂思政教育的拓展，形成生态化思政教育的新格局，让思政教育在育人的功能上更接地气，更有实效。

> 有爱就有教育，"三爱"特色文化与前面的内容有呼应。同时，这部分内容也是对前面关于教师13条核心素养的升华。
>
> "生态化思政教育"这个提法好，从教人到育人。这个观点有创新。

这虽然是一所小学的"十四五"规划，但非常有特点。一是与时俱进，有时代气息。二是有清晰的思路：以发展教师发展学生，以发展学生发展学校，以学校的发展促进教师的发展。三是有自己的风格，可操作、接地气，如教师的13条核心素养等。

这个规划的形成过程，也是总结学校"十三五"期间发展经验的过程。撰稿前的准备工作就是讨论、碰撞、学习、调研。这个规划的顶层设计，如"十四五"期间学校发展目标的定位，不但准确，而且在描述中所呈现出来的样态非常清晰。在具体工作的设想和落实上，目标达成具体明确，可操作、可预警、可评估、可落实。规划的主题内容是指南针，也是任务书，整体架构逻辑性比较强。作为一所学校的规划，该文本当属优秀。

策划书与计划稿

为迎接建党一百周年，学校的党支部打算开展一次活动。

党支部书记专门召开了一次座谈会，要求各党支部小组要递交一个方案。一个礼拜后，六个党支部小组分别上交了方案，与其说是方案，不如说只是几个简单的想法，有的只是表明了一下态度，唯有第二党支部小组递交了一份较为完整的策划书。

第一，该策划书有一个标题：童心向党——银杏娃讲红色故事大赛。

第二，阐述了活动的背景和意义：把建党百年与对青少年开展革命教育结合起来，用青少年喜爱的讲故事的方式，激发他们阅读红色经典作品的兴趣，培根铸魂、启智增慧，促进素质发展，落实立德树人的根本任务。

第三，写出了活动的方式和步骤：

1. 宣传发动，营造气氛。

2. 推荐阅读六部红色经典小说(《红岩》《林海雪原》《敌后武工队》等)。(由相关语文教师写出六部红色经典名著导读，向全校师生发布)

3. 比赛分三轮。第一轮为班级赛，第二轮为年级赛，第三轮为全校总决赛。班级赛、年级赛、全校总决赛分别由班主任、年级组长和校办公室负责。

总决赛设一、二、三等奖，分设年级组织奖和优秀指导教师奖。

第四，提出了比赛的相关要求：故事的内容限于指定的六部必读红色经典作品。可以改编故事，但要忠于原作。总决赛每个选手的表演时间为8分钟（不得超时），由评委当场打分。总决赛评委将请市区教研员和电台、电视台播音主持人共同担任。

第五，设立组织委员会，由学校党支部书记、校长仕主任委员（附委员名单），设立评审委员会（附评委名单）。

第六，时间安排。（略）

第七，颁奖典礼。（略）

为什么叫"银杏娃"呢？银杏娃是这所学校学生的卡通形象，因校园内有两棵千年古银杏树而形成的学校文化符号。

其他党支部小组，也有很好的点子，但都没有形成相对完整的文本，唯有第二党支部小组，用近两千字的篇幅把整个活动的内容与形式陈述得清清楚楚。所以，第二党支部小组的点子和相应的活动方案就被学校党支部采纳了。

好的策划书绝不仅仅只涉及文字呈现问题，有的策划书还具有很强的专业性。有一所学校为了提高教师课程开发的能力，发动全校，希望策划出一套能够呼应统编本新教材的校本教材，最后语文组的策划方案脱颖而出。一个好的策划方案，首先要确定合适的选题。全国统一使用语文新教材，给一些语文教师的课堂教学带来了新的挑战。国家课程的校本化实现应以丰富的校本课程、创新的校本教材为支撑。于是，语文组就从统编本小学语文教材的写作单元入手，编写了一套与其配套的写作校本教材。那么，这个策划方案怎么写呢？又如何形成完整的文本呢？执笔者的构想为：一是明确宗旨、目标，二是阐述意义、价值，三是架构内容，四是就如何使用并与国家教材新课标形成有机衔接作出说明，五是就编写人员及组织、任务分配、时间进度等作出相应的安排。

具体行文的步骤是：

一拟题目：关于编写配统编本小学作文校本教材的策划方案。

二写宗旨、目标。

要点：为了适应国家课程标准的最新变化，精准实施国家课程的校本化落实，根据新教材注重写作单元教学，注重读写融会贯通的特点，结合本校的实际情况，拟编写一套配套统编本教材的小学作文校本教材，并通过校本教材的编写，有效落实新教材写作单元的教学要求。它不但有利于教师的教，更有利于学生的学。它将成为本校特有的优质教学资源，为学校校本课程的丰富，为提高一线教师的课程建设能力，为高质量的语文教学创造条件。

三拟内容架构，分两个方面写：

1.分析统编本教材特点。写作单元有比较高的教学要求，但缺少具体的教学内容（在统编本教材中，每个单元的写作部分只有三四百个字）。一堂写作课，40分钟的教学内容在哪里？这就是校本教材编写的创造空间。

2. 形成体例结构。可借鉴美国宾夕法尼亚大学的教育理念（说给你听、做给你看、让你参与其中）以及"经历教育"教育理论，设计出具体板块。

四写人员构成、编写组织架构、时间进度、试点班级等。

语文组的这个策划方案写得非常专业、具体，而且有针对性、创造性，能解决实际问题。最后，它从九个策划方案文本中脱颖而出。

计划稿与策划书有相同之处，也有区别。策划书更多的是就一次活动、一个项目的内容和形式、实施与方式等拿出翔实的方案。计划稿的着力点则是某一个阶段工作进程的事先安排。计划稿可以是年度的，也可以是学期的或月度的。如学校的后勤管理部门，常常会有写一份计划稿的工作任务。写什么？怎么写？一切都要服从工作需要。无论是教学管理部门还是后勤保障部门，都要养成作计划、写计划稿的习惯。一份好的计划稿，反映的是一个人在部门的工作思路是否清晰，工作重点是否突出，工作内容是否充实，工作条件是否具备，工作抓手是否有力。写好计划稿，也是做好工作的一种保障。

下面是我尝试为江苏省教育学会校园文学专业委员会制订的年度工作计划：

××年，校园文学专业委员会（以下简称"校园文学专委会"）开展工作的指导思想是：认真学习习近平总书记对教育工作的一系列重要指示，深入贯彻落实全国教育大会精神，立足专业，团结会员，服务师生，促进发展。

1. 关于学术研究

开展学术研究，是群众性的学术团体做好工作的题中应有之义——如何发挥好校园文学社团的作用？如何发挥好校园文学报刊的作用？××年，校园文学专委会将发动会员，开展以下专题研究：

（1）文学社团活动如何促进语文教学改革。

（2）文学社团与学生素质培养。

（3）文学教育中的经典阅读。

（4）文学社报刊如何助力学生作文能力的提高。

（5）文学社团与学校德育。

（6）文学教育与中国传统文化学习。

（7）文学教育课程基地的成功实践——以常州横林中学为例。

（8）语文教师的文学素养与专业能力发展。

（9）教育与文学——情感之旅、心灵之学。

（10）诗歌教育进校园的回望与展望。

（11）文学活动、文化浸润、文明校园——校园文学功能拓展研究。

（12）校园文学社团活动中的"立德树人"教育。

为了发挥好校园文学专委会的专业优势，将组织开展"文学类校本课程开发"研究，并通过校园文学专委会之专业平台，把文学类优质校本课程的经验推广出去。

2. 关于活动开展

一是继续做好由省教育厅批准的全省中小学诗歌竞赛的组织工作，将根据新的情况对比赛的方式进行调整。

二是开展一次全省中小学文学社团、文学报刊对提高学生素质、促进学校高质量发展的经验交流及成果展示活动。

三是组织专家深入农村中小学开展文学公益讲座活动。

鉴于校园文学专委会强大的专家资源，也考虑到其拥有的作家资源，将邀请著名作家与中小学生对话，引领学生热爱文学、热爱生活、热爱写作，并树立正确的人生观、世界观、价值观。同时，校园文学专委会将助力学校建设书香校园，提升文化形象，促进学校的特色发展与品质化提升。

3. 关于组织建设

一是加强学习。校园文学专委会的专业具有综合性，它要求有更开阔的视野、更开放的姿态。校园文学专委会的会员主体是语文教师，提高语文教学质量需要语文教师的文学素养、哲学思维和社会学知识。××年拟通过参与中国教育发展战略学会的国家级课题"双减背景下高质量课程育人新样态的区域探索"的研究，开阔语文教师的视野，提高语文教师的综合素质。

二是发展会员。拟发展一些学生会员（第一批计划100名），着力开展以学生为主体的校园文学活动。借南京被评为世界文学之都的东风，与南京市学校合作，共同开展"金陵古都文学之旅"活动；与南京市的名校合作开发"文学之都校本课程"，可分诗歌、散文、小说、戏剧四个板块。

一个计划，两个部分（开头与正文），三个方面，十二项专题研究。简洁而清晰。特别是十二项专题研究，这是计划中的"硬核"内容，表现得十分专业。由此可见，写计划，也要有过硬的专业素养。

颁奖词：诗情与哲理结合

撰写颁奖词，短短几行字，写好不容易。一次，时任江苏省教育学会会长的周德藩要我修改一则颁奖词，这则颁奖词的背景是这样的：泰兴市洋思中学的校长蔡林森是名校长，他创造的"洋思"教学模式享誉全国。退休后，蔡校长应邀到河南省办了一所"永威学校"，同样非常成功。蔡校长被评为"乡村教育家"，主办单位请周德藩会长为蔡林森校长颁奖并宣读颁奖词，周德藩会长对主办方提供的颁奖词原稿不太满意，他要求我帮助修改。我们先看原稿：

他从江苏泰兴洋思村走来，40多个春秋的卧薪尝胆、厉兵秣马，他终于把这所瓦房村联办初中搬到了县城；他从河南沁阳走来，退休不还乡，十年磨一剑，他又打造了永威学校第二个教育神话；他从课堂里走来，57年执着于"先学后教，当堂训练"，大胆地颠覆着传统课堂，而且每天坚持听、评课五节，创造了基础教育课堂改革的蔡林森模式；他从学生中走来，一生恪守"没有教不好的学生"的教育信仰，从最后一名抓起，走动办公，落实承包，践行着顾明远先生"教好每一个学生，幸福每一个家庭"的教育思想。他是乡村教育的拓荒者，他是述道杏林的领路人，他是朴素的乡村教育家——蔡林森。

这段文字如果不作为颁奖词，还是可以用的，但颁奖词当有更高的文字要求：一要用最少的文字提供最核心的信息；二要有点诗意，有点哲理，即诗情与哲理的结合。当然，读起来还要有点节奏感和韵律美。原稿恰恰在这几个方面有明显的不足，修改后的颁奖词如下：

40年生命历程淬炼"洋思模式"，十余载"永威神话"再创办学辉煌。他从江苏泰州乡村走来，披一身豪情，带着吴越文化的机敏聪慧，由此开始了一生的梦想追求。无数次"先学后教"的课堂践行屡创质量传奇，无数普通学子的自信成功尽显校园魅力。他用57年的岁月绘就别样杏坛风景，他用非同凡响的"人生教育"铸就了超越自我的"教育人生"，他就是乡村教育家——蔡林森。

经对比可明显看出，修改稿减少了字数，但重要信息未丢，概括性更强，也增加了思想含量，读起来更加朗朗上口。

我曾为好几位作家写过颁奖词，如著名文化学者余秋雨。我先把他已出版的散文集《文化苦旅》《霜冷长河》《行者无疆》《山居笔记》《借我一生》《千年一叹》《摩挲大地》等书名串联起来，并形成有逻辑关系和对称感的句子，它在表达上能起到"起兴"的作用，又巧妙地传递了重要的信息，并为接下来的评价作铺垫。但最关键的还是对余秋雨散文成就价值与意义的概括性定位："它唤起了多少中国人对中华文化的温情与记忆。"余秋雨身边的工作人员金克林告诉我："余老师特别满意并转达谢意。"

撰写人物颁奖词，难在一语中的、抓住关键。比如我为作家史铁生写的颁奖词，最核心的一句就是："他残缺的身躯里闪射出思想与人性的光芒，照亮了无数读者前行的路。"

还记得2011年，南京电视台编导找我撰写"感动南京"2011年度人物颁奖词。其实，也不完全是撰写，应该是修改，修改绝不仅仅是文字上的修改，主要还是对内容的把握，相当于二度创作。我用了整整三天时间，翻阅电视台提供给我的人物事迹介绍和相关的原始资料。我在不知不觉中被深深地感动着、感染着，有时甚至情不自禁地流下眼泪。他们是那么普通，但是普通中隐含着人情的温暖，闪烁着人性和智慧的光辉。

最让我感动的是小学教师徐其军，也许是因为我也曾是一名教师，读完对他的介绍，徐老师的形象一下子出现在我的脑海里。罹患重症的徐老师，那么年轻，死神就已逼近，他勇敢面对，坦然地接受这一现实，并作出了自以为正确的坚定选择：把爱情还给对方——主动要求解除婚姻，他认为这才是真正的爱；把生命交给工作——他认为这才叫活得有价值。他重新走进课堂，只为了那些期待的眼神——还有什么比孩子的健康成长更重要呢？我认识到，徐老师这是在用自己的生命来书写爱和奉献的人生篇章啊！

李华琴，一个靠卖盐水鸭为生的普通市民。她把"疯婆婆"照顾得那么周到，她几乎吃尽了人间所有的苦，也受尽了委屈，但她以最善良的心，微笑面对生活中的一切苦难……

温可人，是南京市总工会的一位干部，也是一位律师，又是"为农民工讨薪工作队队长"。为他写颁奖词，我想到了诺贝尔经济学奖获得者西奥多·舒尔茨提出的"穷人经济学"。对了，就以此起笔并作为主要观点："他信奉的是'穷人经济学'……"前些年，媒体上常报道"××英雄"，从没听说过"讨薪英雄"，而温可人就是"讨薪英雄"，为农民工兄弟讨薪，讨回公平和正义，这样的百姓情怀，怎能不叫人感动呢？

武继军，南京市高淳区武家嘴村党委书记。写他："响当当的村干部，沉甸甸的责任。大事小事天下事，有情有义有乡亲……"这样起笔自认为抓得准，符合实际情况。我想，武继军是真正的"农民英雄"，他以村民共同致富为信条，这是善良的本色，更是共产党人"为中国人民谋幸福，为中华民族谋复兴"初心和使命的体现。

警察形象大使嵇艳霞是"为人民服务"的典型，已退休的人民法官孙以智以爱引领青少年健康成长，炒茶女工李桂林愿用一生的平凡推开事业的大门，转业军人王玉军用诺言证明道义的力量，智勇"的哥"杨学涛的行为则是文明城市的一道风景，吴玉芝等三人救人不留姓名的群体英雄形象则向所有市民昭示了什么叫人间大爱。

为这些市民英雄、平民英雄写颁奖词，如果说一开始只是一项任务，写完后就是一种精神的收获了。如果说我算成功地完成了任务，那么绝不是文字的成功，而是"感动"的成功。

写颁奖词，除了对人物特点要抓得准外，还要注意语言表达的要求及诗情与哲理的结合。请看以下"感动南京"2011年度人物颁奖词的原稿与修改稿：

一、李桂林

原稿：一个普通的炒茶女工，在平凡的岗位上24年不懈努力，终于成就金奖品牌。它正应了中国人一句古老的格言：三百六十行，行行出状元。

修改稿：最卑微也渴望飞翔，最普通也相信希望。茶艺中的人生，生命里的缘分。从小姑娘到大师傅，24载铸就金奖品牌。她愿用一生的坚持推开平凡工作的非凡之门。

二、徐其军

原稿：34岁的年轻教师，肾衰竭厄运降临，尿毒症死亡相随。生命不能承受之重也要选择勇敢面对，他义无反顾，要把自己的一切，全部献给学生和自己热爱的教育事业。

修改稿：病魔中放弃婚姻，是对感情的别样理解；厄运中选择坚强，是对讲台的永恒追求。他把死亡的讯息化作了桃李的芬芳。34岁的他，一直在用生命的代价书写爱与奉献的人生日记。

三、嵇艳霞

原稿：她是"热情服务"的形象大使。她牢记"人民警察为人民"的宗旨。数以千计的人得到过她的帮助，她是派出所所长，更是人民群众的贴心人。

修改稿：嵇艳霞，一个用爱心让警徽更加艳丽的好警官，一个以责任让警界霞光满目的女英豪。

四、武继军

原稿：25年的村书记，他用胆识、智慧和奉献，带领村民共同富裕。武家嘴村改革与发展的征程，每一步都有村干部武继军的闪亮足迹。

修改稿：响当当的村干部，沉甸甸的责任。大事小事天下事，有情有义有乡亲。世代农民的梦想，共同富裕见证乡村传奇；共产党人的标高，超越自我创造人生辉煌。

五、孙以智

原稿：一个退而不休、情系孩子的老人，法官的经历让他更懂得教育的重要。他创造性地利用雨花台革命先烈的历史资源，对学生进行革命传统教育，几十年热情不减。他对孩子的关心、爱护感染了周围许多人。

修改稿：75载的时序长流，所有的荣誉已成回忆。退休的人生风景，牵着孩子的手倾听烈士的声音，那谣远的回响化作了夕阳的诗情。雨花台下的后人啊，又找到了信仰的力量和美丽。

六、王玉军

原稿：为牺牲的战友尽孝道，默默24年无人知晓。这一份情感源于对战友的一份承诺，也是因为当年在战场上和战友的一个约定。

修改稿：好战友血洒战场，一腔悲情一句承诺，尽孝道接力棒24年坚持。战争无情人间有爱，英烈有知当含笑于九泉。

七、李华琴

原稿：和患精神病的婆婆相处已属不易，还要给婆婆最好的照顾和服侍，谁知道，她受了多少委屈？又经历了多少艰难？这样的好媳妇，怎能不让人感动？

修改稿：礼之用，道之在。好媳妇，"疯婆婆"。寻常日子危难处处，狭小人生波澜起伏。她以无比的坚忍，为古老都市添美丽佳话；她用最朴实的方式，向世人传递了善良的真谛。

八、温可人

原稿：凭什么付出那么多为素不相识的农民工讨薪？他的工作曾让多少受助的农民兄弟泪流满面？他为群众解难，也为政府排忧。

修改稿：讨薪队长，没有级别，没有待遇。可是，他愿意！为弱势群体送去温暖，为底层民众找回正义。他的每一次努力，都是受助农民的一生感激。

九、杨学涛

原稿：仁心侠胆，智勇双全。就算面对歹徒的尖刀，他也敢于伸张正义，一个普通"的哥"，一个普通市民，是他，擦亮了我们这个城市的文明底色。

修改稿：智勇双全一"的哥"，仁心侠胆真英雄。扬善惩恶不需要身份的证明，见义勇为从来义无反顾。一个普通市民的精神品格也是一座城市的文明底色。

十、吴玉芝等3人（群体）

原稿：这是一个舍己救人的群体形象。三位英雄与一个落水儿童成了一条生命的连线。救人后选择默默地离开现场，更显他们的英雄本色。

修改稿：三个"中国好人"，一个落水儿童，四个人的生命连线。惊险一刻早已定格为这座城市的文明风景。

发言稿怎样脱颖而出

领导召开座谈会,让你发言怎么办?专题活动座谈会,必须发言怎么办?经验交流推广会,指定发言怎么办?口头发言几乎人人都会碰到,书面发言我们也不陌生。所谓书面发言,也就等同于写发言稿了。

我们分三种情况,举例说明应怎样写发言稿,又怎样让发言稿脱颖而出。

案例一

某市市委的主要负责同志召开制订本市"十四五"规划征求意见的座谈会。十位代表来自各行各业,每位代表的发言时间只有10分钟。教育界的代表发言水平当然不能差,大家的心理期待是能够脱颖而出。

在发言稿起草的过程中,我提出如下建议:一是针对性要强;二是对所在市已有的教育成就与经验要有所总结提炼,让领导听后与发言者产生共情;三是就"十四五"期间全市的教育发展提出具体的建议(如果是校长发言,还可适当地说一说自己学校的发展情况与需要解决的问题)。

很多人发言不知道拟一个题目。发言稿,特别是重要场合的发言稿,最好拟一个合适的题目。我们先确定一个发言题目:顶层设计新愿景,基层落实高质量。

再拟一个副标题:关于"十四五"规划教育问题的建议。

这个发言稿的正文如何形成呢?我给出了这样的思路:一说"十三五"时期的教育成绩,二说顶层设计,三说问题导向的规划措施,四说学校自身的努力。

具体内容如下:

"十三五"期间可以说是××市的教育，在历史上发展得最好的时期。它的特点是与××市的经济社会发展既相适应又适度超前——规模扩大结构更加优化，促进公平质量更加全面，秉承传统发展更加现代，以"六大体系"为框架的新时代××市教育新格局，让我们每一个教育工作者备受鼓舞。

习近平总书记关于"十四五"规划制定的思想是明确要求，也是鲜明方向。××市"十四五"时期的教育如何发展？一是顶层设计有目标，二是基层落实出成效。

一、关于顶层设计

首先，××市的教育要有自身明确的发展定位和应有站位，那就是以创造、创业之时代精神和敢于争先的冠军思维，全力打造具有示范性、引领性和标杆式的区域化现代教育。

其次，问题导向有靶标。如果说××市教育有矛盾，那就是广大人民群众对优质教育资源越来越多、越来越高的需求与发展不平衡、不充分之间的矛盾，解决好这一矛盾，就是对"办好人民满意的教育"最切实的落实。我们无须讳言，教育问题情况复杂，牵涉面广，社会关注度高。我认为从政府的层面上，要做好三件事：

其一，通过科学的规划，让办学布局更合理。

其二，通过经费的投入和条件的改善，让教师更有尊严。

其三，通过教育治理体系的建立，让政府的治理能力与现代社会更加匹配。

特别是第三条，它关系到政府、学校和社会关系的正确处理。政府要从微观管理、直接管理等错位管理的桎梏中解放出来，建立以规划、引导、监督为内容的服务型政府，真正做到该管的管好，不该管的放掉。同时，应关注到多年来一直呼吁的办学自主权，在"立德树人"根本任务的引领下形成百花齐放的××市教育大格局。

二、关于基层落实

高质量发展、供给侧改革、深水区改革……这些经济发展的要素对教育发展同样适用。以我们学校为例，优质教育资源长期不足，师源、生源很不理想，我们不抱怨、不气馁，认认真真抓管理，扎扎实实抓教学，不断上升的质量赢得了万州的好口碑，校长和教师都有自豪感。今天我结合我们学校的办学实践，就"十四五"规划有关学校的工作重点提三条建议。

1. "三课并举"提高教学质量。

一指课堂，评价一所学校的质量，关键是看课堂上的效能。二指课程，它和课堂是一体化的。××市的名牌高中要通过高层次的课程建设实现高品质办学。三指课题，教育也要讲艺术、讲科学。不能把素质教育与高考对立起来，研究高考学科教学就是讲科学。

2. 好教师与好校长并重，形成质量支撑。

习近平总书记关于"四有"好教师的要求意义深远，这一点市委、市政府已有了非常好的措施，如提高了"优秀教师奖""优秀校长奖"的层次，建议市委市政府创设更多平台、更好条件，促进好教师、好校长的成长。

3. 以信息化、智能化创新教育方式，促进教育现代化。

一是现代信息技术已能够支持教学方式的创新朝智能化、智慧化融合方向发展。

二是百年未见的世界变局也促进教育尽力在危机中孕育新机，线上线下融合教育将有更大的创造空间。

三是我呼吁政府在构建新时代基础教育质量保障体系的过程中，评估测评时要分层分类、实事求是、科学合理，对薄弱校要鼓励扶持，以从更微观的层面上实现教育公平。

这篇发言稿的发言取得了非常好的效果，与会者当场肯定："观点鲜明，见解独到，建议具体，符合实际，能给规划制订提供很好的思路和启发。"

当然，这篇发言稿亦有较高的政治站位，呼应了国家的教育发展战略。

案例二

南京市第二十九中学建校70周年暨孙汉洲校长教育思想研讨会活动由省、市、区三级教育行政部门共同主办。这次活动提交发言稿的共有六人，还有一些即兴发言者。我作为六个指定发言人之一，研讨会的规格又那么高，出席的人不仅仅有省、市级教研部门的专家领导，而且还有华东师范大学、首都师范大学、江苏第二师范学院等高校的教授。怎样让自己的发言比较突出，避免雷同，甚至独一无二呢？我想，一要言之有物，即要有实在的内容。二要言之有形，即要有一定的结构。三要言之有情，即发言要有点温度。四要有自己的见解与观点，这也是最重要的。

孙汉洲是南京市第二十九中学的校长，也是享誉江苏的语文特级教师。我拟了个题目就叫"上善若水读'汉洲'"，我的发言是这样的：

汉洲二字应水而生。孙汉洲校长教语文、办学校，他追求的就是上善若水之最高境界。

上善若水被认为是至高无上的品德，上善如水也是做人做事的尺度和态度。我试着将自己所理解的孙校长的语文教学及其教育人生概括为3句话18个字：一叫文史哲、宽视野，二为有思想、敢担当，三曰可操作、成风格。

一、何谓文史哲、宽视野

一是文学的素养。大家都知道孙汉洲是名校长、名教师，许多人并不知道他作家的身份。他是中国作家协会的会员，发表出版过一批散文、小说、诗歌等文学作品。有无作家的身份并不重要，重要的是孙校长良好的文学素养和深厚的文学功底。他教作文效率那么高，源于他自己写得一手漂亮的示范文。有文学素养的人教书往往懂得用形象感染学生，上课比较容易激发学生的兴趣。二是历史学的素养。历史就是让你知道没有一种事物是孤立存在的。孙校长不但熟悉中国古代的教育史，而且称得上是深有研究。他2008年在教育科学出版社出版的《孔子教做人》一书，据我了解，至2010年就重印过三次。孙校长对中国历史中的传统教育文化，不但有追根究底式的挖掘、承前启后式的培育，而且还有目标愿景式的践行，并由此不断地创造出属于自己的教学方法与教育方式。三是哲学的素养。哲学就是让你抬头能看到星星，并在星星的指引下走出迷宫。哲学的思维有助于语文教师对知识的梳理，并通过梳理提炼出属于自己的观点，从而构建原创的教学内容。从一定角度看，有哲学思维的人才有可能从根本上克服语文教学的少慢差费。

我以为文史哲素养兼备才形成了孙校长宽广的视野。我们经常讲大语文，孙校长讲语文广义的备课，要求教师要像江河一样奔流不息，意思只有一个，教师知识面要广，视野要开阔。若教师没有宽广的视野，大语文的背景与根基也就不存在了。

二、何谓有思想、敢担当

校长的领导首先是教育思想的领导、业务上的指导，其次才是行政的领导。什么叫思想？思想就是善于从现实中发现可能，又善于把可能转变为现实。孙校长不但知道语文教学应该是怎么样的，而且知道语文教学实际上是什么样的，他更知道怎样才能让语文教学变得更好。在孙校长身上，既有"思"所体现出来的理性思维，又有"想"所包含着的想象力培养与浪漫主义情怀；既有"思"的追根究底，又有"想"的超凡脱俗。"思"和"想"本质上是对生命意义的追问与追寻，"思"追问的是你从哪里来，"想"追问的是你到哪里去……思与想，想与思，这两个方面在孙校长的身上得到了完美的统一。这样我们也就不难理解，孙校长抓教学质量的同时，为什么那么重视学校的诗歌教育。诗歌给人美的熏陶，诗歌这无用之大用会让学生一辈子受用。有思想还要敢担当。孙校长是语文教师，也是一位校长。记得今年三月份我在上海参加一个研讨会，著名特级教师于漪呼吁语文教师要有担当的意识。她形象地把语文教师说成有"三条命"，那就是性命、生命与使命。性命是最低层次，生命就要有点精神追求，使命便意味着担当。语文教师担当的使命就是要让我们的汉字，让我们的母语更有生机。用于漪老师的话说，它关系到民族的生死存亡，语文教育在新的历史时期应该得到更好、更快的发展。

三、何谓可操作、成风格

孙校长的教学风格早有定论，叫作"实、活、导、创"。风格虽然是一种内在的、相对稳定的个性化教学品质，但风格也有动态发展的一面，真正的风格如经典的文学作品，它往往能为欣赏者提供理解上的再创造空间。

孙校长教语文恰如水的品性，既有浩浩荡荡之博大胸怀，更有百折不挠之渗透精神。他善于从前辈国学大师身上汲取精华，如季羡林的朴、饶宗颐的拙、钱锺书的慧。在孙校长的语文教学生涯中，中华南北文化在不同程度上得以交集汇流——燕赵文化的慷慨悲歌，齐鲁文化的经世致用，吴越文化的机敏聪慧。具体到教学与课堂的层面，孙校长的教学风格有邃密与易简的双重风格。大家都知道孙校长对工具性与人文性结合有自己的看法。孙校长教语文特别重视工具书的使用，特别重视字词句的落实，特别重视写作文要文从字顺，这些在有些人看来有点老旧落后的做法恰恰是孙校长的可贵之处。正是孙校长长期重视学生语文基本功的训练，才有了今天南京市第二十九中学过硬的语文教学质量。

孙校长的语文教学风格接地气、可操作、能借鉴，只要有心，人人都学得上，做得了。

我用上善若水来比喻孙校长的教学与人生。水几乎是一位无任何瑕疵与过错的"圣人"，我们虽无法企及，但一定心向往之。我当然不是说孙校长就是完人，就是圣人，我指的是孙校长一直怀着对水的品性心向往之的情感从事教育工作。至此，我又想到了美国诗人罗伯特·弗罗斯特的著名小诗《林中路》中的几行诗句："黄色的树林里分出两条路，可惜我不能同时去涉足。""但我知道路径延绵无尽头，恐怕我难以再回返。""而我选择了人迹更少的一条，从此决定了我一生的道路。"

发言一结束，掌声雷动。我想之所以会有这样的发言效果，大概率是因为我对孙汉洲校长的认识是经自己思考后用自己的语言表达出来的，相比之下，讲的不是套话、大话，更不是人所共知的一般道理。

还有一类发言稿属于当场即兴，如何才能取得好的发言效果呢？首先得切题，即对着规定的话题说。接下来看思维模式。如果在某学校听了一堂语文课，让你即兴点评，你可以用理性思维点评：从教学论的角度，任课教师较好地解决了教与学之间的关系，教师重视教，但更注重学生的学；从教育学的角度，教师正确地处理了知识与能力之间的关系，教师重视知识的传授，更注重能力的培养；从教育哲学的角度，教师把一堂课变成了学生愉快学习的过程，体现了过程即价值的教育理念。

你也可以用文学语言来评价，可能会给听课的教师带来不一样的感觉："这位老师上的语文课，充满着前卫感与美感。老师与学生、学生与老师的对话互动，犹如蓝天对白云的包容、河床与鱼儿的嬉戏、海浪对礁石的一次次肯定。我们的这位语文老师就像一位神奇的牧羊师，只用鞭子轻轻地一甩，满坡的石头瞬间就变成了漫山遍野自由奔跑的白色的羊群。"这样的点评是不是就有点与众不同？

即兴发言对任何人而言都是心理和语言能力的双重挑战。即兴发言，短则一两分钟，长则八九分钟。如何做到脱颖而出？如果是一两分钟，最好能说出一个新颖的观点，提出一条有价值的建议。如在一次领导调研会上，二十多名与会者都是单位中层以上的管理人员。有一名发言者的一分钟发言，两位参加调研的领导都给予了高度的评价，因为发言者提出了一个概念，也是一个观点，他说在文化出版改革发展中，要有冠军思维。这一说法给所有与会者留下了深刻的印象。

在一次学术沙龙会议上，要求每人即兴发言三五分钟，讨论的话题是"教育传播力"。我在发言中采用定义化表述并形成观点："教育传播的影响力就是教育形象的提升力，教育传播的辐射力就是教育改革的推动力，教育传播的亲和力就是教育矛盾的溶解力。"然后再进一步总结："教育传播让那些灿烂的教育细节被发现，教育传播让许多的平凡上升为非凡，让每天的日常变得非常。教育传播让长期默默无闻的普通老师，由感人的表现走向人生的实现。"这个即兴发言得到了在沙龙现场的新华日报社党委委员、纪委书记赵准的当场"点赞"："提升了新闻传播的层次，彰显了新闻传播新时代的功能。"

专题宣传片是学校的"形象大使"

我第一次撰写电视专题片的解说文本是1991年，专题片的片名叫《雨花台下育后人》。当时，国家教育委员会（现教育部）召开全国中小学德育工作现场会，地点分别是南京和上海，会议重点内容之一就是让与会代表集体观看介绍南京中小学德育工作情况和经验的电视专题片。文本创作任务落在了我的身上，这部时长约45分钟的电视专题片被誉为是那次"现场会的一道风景线"。除了拍摄的艺术、播音的艺术，成功电视专题片最重要的，或者说第一个环节就是文本的撰写。撰写电视专题片的文本，不是一般的文学创作，还要考虑到真实客观介绍对象后要形成一种贴切而中肯的评价，这样的目标达成，不可或缺的是思想。

电视专题片以叙事为主要表达方式，以事实的呈现为主要内容构成，再配以新闻元素，当然，形象的画面也十分重要。那么，电视专题片为什么还要强调思想呢？几年前，溧阳市光华高级中学想拍摄一部反映办学历史、展现办学成就的电视专题片，希望我先写一个相对完整的文本，正式拍摄前再根据第一次写就的文本进行二度创作。首先是该电视专题片的目标定位：红色基因传承，现代视角评价，未来愿景前瞻……其次是办学经验凝练，凝练得好，需要一点哲学思想。再次是从信仰之美到人民满意。几个部分的逻辑架构都需要"立德树人"的新时代育人思想作为支撑。

这个名曰《传奇光华》的专题片最早形成的文本如下：

传奇光华

引言

这是一所具有本土情怀的特色学校，这是一所具有国际视野的现代学校，这是一所具有中国风格的标

> 标题为什么要用"传奇"？因为这所学校的创办、发展有革命传奇色彩。

准学校，这是一所迈入新时代普通高中高质量发展、高水平推进的样本化学校，这更是一所满载革命理想信念，浸润红色基因，披一身豪情从历史深处走来的光荣学校。一代代光华人将个人的命运融入国家的命运之中，他们用奋斗、汗水、智慧创造了江南一方热土上的教育传奇。

> 这是一所什么样的学校？如何给学校一个定位？这段带有定义性质的表述又有很强的情感因素。

信仰之光

光华中学，从它诞生之日起，就与陈毅、粟裕、叶飞等老一辈无产阶级革命家的名字紧紧联系在一起，闪射、沐浴着共产主义的信仰之光，光荣与梦想陪伴光华人执着地走到了今天。

从最初的溧阳私立光华中学，到溧阳县中学，至现在的溧阳市光华高级中学，在长达80年的办学历程中，六迁校址，十易校名，一路走来，多少艰难曲折……学校也从早年的简陋条件、较小规模发展为拥有39个班级、近2000名学生、300多名教职工的规模化江苏省四星级现代化高级中学。

> 展现发展的历程要用概括的语言，还要注意前后的连贯。

走向成功的光华中学是"学以成人"的目标文化的成功，是"人人尧舜"的人才文化的成功。但在光华人的心中，"光明在前"的信仰文化才是光华的成功之源、立校之根、发展之本。是老一辈无产阶级革命家在光华的光辉足迹，引导着光华人坚毅实诚、百折不挠、勇往直前。

> 这段是议论，彰显的是学校的办学理念。

"红色基因是光华人的文化血脉，红色文化是光华人的办学之魂，红色标识是光华人的由衷自豪。"

> "基因、文化、标识"，"三红"，读起来很有节奏感。

×年×月，陈毅元帅的花岗岩雕塑落成典礼在崭新宽敞的新校区广场上举行。中国人民对外友好协会会长陈昊苏专程从北京赶来并题词"世纪之光，振兴中华"，时任国防部部长张爱萍将军题词"功业千秋，遗爱万代"。

1939年11月，学校创办之初，陈毅司令员就说"光华中学"这个名字很好，光华即"光复中华"，陈毅明确指示学校要为新四军输送骨干力量。"我们在战斗中成长……"铿锵的校歌是光华人忠诚于自己的国家，为了党和人民的事业，甘愿献出一切的最好的证明。在光华英烈的名册中，既有战斗中捐躯的铁血男儿，也有被捕后受尽酷刑、坚贞不屈的巾帼英雄；既有与敌人作战时牺牲的英雄，也有在抢险救灾中献出宝贵生命的模范。抗战时期，光华一批学生走进新四军训练班，更是传为佳话。

跑过去的是昨天——

昨天的中国，雄关漫道真如铁；

正在走的是今天——

今天的中国，人间正道是沧桑；

奔过来的是明天——

明天的中国，长风破浪会有时。

光华的昨天已写在史册上，光华的今天正在新一代光华人手中创造，光华的明天必将更美好。

光华的光辉历程，光华人的价值实现，与我们的祖国一刻也不能分割。

赤子情怀

闪耀光华，光华校园英才辈出；魅力光华，光华学子不忘初心。在数以千计的光华中学杰出人才中，有科学家、艺术家、教育家，也有将军、英雄模范、企

> 这儿可以给一个特写镜头，专题片要有足够的形象和画面。

> 写陈毅、写英烈、写革命，呼应标题"传奇"。

> 诗情诗意，节奏感强，也有政治站位。

> 正面抒情，立意高远。

> 第二部分的内容非常"硬核"，它足以证明一所好学校的根本标志是人才的培养。所

列人才是杰出的代表，特别是一位海外企业家对母校、对家乡、对祖国的一片深情，这样的"赤子情怀"也是对第一部分内容的呼应。

这部分结尾的总结：两种文化，一种人格，是立意的升华。

这部分内容隐含着办学的规律，也彰显了教育的创新。

业家，他们贡献社会，也不忘回报母校。

著名企业家谈智隽，1927年生于溧阳溧城镇，1939年就读于光华中学，20世纪80年代在美国创立国际济丰集团。事业有成的谈智隽，心系桑梓，不忘家乡，慷慨捐资，在国内多所大学、中学设立奖学金，又创办两所希望小学。1994年11月，谈智隽在母校光华中学正式设立奖助学金。至2018年10月，谈智隽奖助学金已累计发放296.9万元，先后有3000余人次获奖获助。1996年、1999年，谈智隽先生又分别捐赠60万和30万元用于学校图书馆建设。谈老对母校的感恩之心，是夕阳中的诗情，是黄昏中的画意，是最美的人生风景，谈老的赤子情怀与感恩之心对师生的持续激励，正沉淀为宝贵的学校文化资源。多年来，光华的校友总是以各种方式回报母校的培育之恩。西安交通大学原校长史维祥、中日友好医院原院长强瑞春、中科院院士翟中和三位光华校友，还与老一辈无产阶级革命家、江苏省原省长惠浴宇一起，应邀担任光华中学的名誉校长。

光华中学有一脉相承的红色文化，也有代代相传的感恩文化。人才辈出的光华中学以特有的文化气质滋养、孕育、锤炼着一代代光华人的集体人格。

思想魅力

校长的领导首先是思想的领导。80年风雨兼程，80年砥砺前行，光华中学坚实的步伐来自坚定的信念，也因为有先进的思想：光华的首任校长周宗姬的革命思想；狄瑞麟校长的求实思想；改革开放后历任校长的创新思想；进入新时代，以郑宇明校长为引领的学校领

119

导班子的开放思想与前瞻发展思想。

致广大师生仰望星空，让思想领跑未来；尽精微每天脚踏实地，问工作今日何成。

思的追根究底与想的超凡脱俗，既是光华中学的管理之道，也是光华管理者的文化品格。

"人人为尧舜"的人才思想，让光华中学的每一个学生都能得到最适合的教育。80年来，三万余名毕业生从光华出发，走向祖国的四面八方，曾经的莘莘学子，很多都成了国家的栋梁。

在光华中学的教师眼中，每一个学生都是"整个学校"。×××同学对色彩很敏感，教师就建议他学习美术，这个同学顺利考上了中国美术学院。××同学对自己的能力没有信心，班主任用善解人意的方式，进行思想引导和心理疏导，重拾信心的这个同学考上了南京财经大学。

在光华中学，学生的成功相伴着生命的成长，学校给每一个学生强烈的、积极的心理暗示就是：我的人生也能出彩，就算是小草也能为祖国增添绿色。

"教师为尊"的管理思想，让每一位教师在尊重中分享幸福教育。

扬起理想信念的风帆，秉持道德操守的修为，奠定扎实学识的根基，感受仁爱之心的温暖。践行习近平总书记提出的"四有"好教师标准，光华中学有独特的红色文化优势，有独特的优良传统优势，有能吃千般苦、特别能战斗的精神优势。

江苏省劳动模范周树范、全国体育优秀工作者戴秀芬、江苏省优秀教育工作者王勤月……他们无不在光华校园里留下了奉献与付出的足迹，在他们身上也

近似诗句，整齐表达，经声音的传递，会增强感染力。

从另一个角度叙述人才培养的成就。

仍然讲人才培养的理念，不仅仅把学生送进理想的大学，而是让所有学生成为对社会有用的人，这是教育的最高境界。

以发展学生的才能发展学校，以发展学校的才能发展教师，以发展教师的才能发展学生。

无不闪烁着理想和信念的光芒。

不奋斗，无青春，人生价值的实现要靠出色的工作表现，这也是光华中学的文化传承。

霍超群、孙宇红在平凡的教学岗位上，一步步成为特级教师，他们有过硬的教学基本功，有高超的教学艺术，他们更有崇高的理想和坚定的信念，他们用爱与奉献书写着属于自己的人生日记。

着力于教师队伍的群体优化。学校始终把打造一支高素质教师队伍，特别是打造一支高素质的年轻教师队伍作为学校可持续发展的根本支撑。

光华以着眼未来的前瞻思想为引领，让教育与科技对接。通过多样化课程、校本化课堂、前瞻性课题培养特殊人才，"三课"并举的顶层设计，以问题为导向的课堂落实，为培养学生的创新能力搭建平台。2018年在中国化学奥林匹克比赛中，郭宇杰同学勇夺全国二等奖。光华中学既为所有的同学圆一个理想大学梦而努力，同时，也为有特殊潜质的学生搭建高层次的发展平台。光华中学发现与培养人才一个也不会少。

走向未来的光华中学将探索构建核心素养新模式，并通过借鉴世界先进的"科学、技术、工程、数学"（STEM）的学科集成，培养学生解决实际问题的能力，这是中华民族走向未来并立于世界之林的真正动力。

美在特色

光华的特色之美，美在红色文化的信仰之美，美在厚德载物的感恩之美，美在敢为人先的思想之美、创造之美。

陶行知先生说，美是一步到位的道德。光华中学

> 作一个总结性概括。

> "三课"并举是学校经验的提炼，有质量的专题片要有思想的含量，提炼出核心经验，就能提升专题片的立意层次。

> 介绍特色发展也要有观点的引领，如美是一步到位的道德。

以大美育视野培养学生对美的感受力，以审美能力促进学生综合素质的提升。学校开设的艺术教育课程有绘画、手工、编导、播音主持、器乐表演、舞蹈、流行音乐等。人民教育家培养对象陈平上的美术示范课，也是美学普及课。美育课程不仅让光华学子更有才情，而且还培养了一批艺术人才。2014届彭翌蘅同学获UST全球设计大赛中国区铜奖，各种艺术表演也展现了学生蓬勃的朝气与青春的活力。光华学子的才情气质与生活情趣是光华中学高品质办学追求的潜在动能。它虽然不能被看见，校园里却无处不在。光华学子用艺术养成"文明之精神"，用体育锤炼"野蛮之体魄"。体育之美，美在阳刚，美在意志。光华中学是全国体育传统项目学校，也是全国群众体育先进学校、全国青少年体育工作先进集体、全国青少年校园篮球特色学校。以篮球为龙头，光华中学在手球、铁饼等项目上都获得过国家级和省级第一名的好成绩，是体育精神造就了光华人的冠军思维。忍耐刻苦，坚毅拼搏，永远不会服输，体育的力量之美与艺术的创造之美形成的特色之美——"立德树人"这一根本任务在光华中学落实得更加完美。

> 这部分内容写出了个性发展与全面发展的有机统一。

> 材料具体而丰富。

> 体育的力量之美与艺术的创造之美而形成的特色之美。至此，读者、听者、观者不禁赞叹：教育之美、光华之美，你有千般花样！

人民满意

八十载回望先贤筚路蓝缕历经艰险创光华，跨世纪前瞻后辈不忘初心砥砺前行成伟业。全新的光华校园，崭新的教学大楼，宽敞的林荫大道……广场正中，一尊引人驻足的花岗岩雕塑——陈毅元帅正在用慈爱又坚毅的目光注视着这块与他革命生涯相关联的土地。

走进新时代的光华，从教学质量的持续提高到教育

> 陈毅元帅这个特写镜头一定很有气势。

> 呼应、概括、总结以上内容，高质量发展的光华教育形象，让人印象美好而深刻。

品质的全面提升，光华中学不但高考成绩稳居同类学校前列，而且，基于理想信念的红色文化造就了光华人宽广的视野和胸怀。光华"一体两翼"的个性特色更加鲜明，"不忘初心"的文化价值魅力无限，"人人成才"的办学理念异彩纷呈。"现代化，高质量，有特色"，办人民满意的高品质的高中，光华几代人的愿景正一步步成为灿烂绚丽的现实图景。光华中学风光无限，光华中学光明在前！

这个四千多字的专题片文本有点像新闻通讯，也类似于小型报告文学。它不是用来拍摄的脚本，但有了这个文本，再把它转化为脚本就容易多了。当然，将文本转化为拍摄的脚本，对导演和拍摄者也有考验，那就是把它写成一个个可用来拍摄的分镜头文字，也称可用来执行的格式化文字。这虽然也是文本，但拍摄的操作性增强了，这样的文本可称之为脚本。

可用来拍摄的脚本与原有文本的区别在哪里呢？下面的这个脚本就是根据我撰写的文本《特教之花》，经导演与摄像师二度创作形成的。经对照，会发现导演和摄像师的本领就在于把文本内容变成镜头内容。电视专题的优势就在于文字与形象的结合，如何结合也是需要艺术创造力的。艺术创造力就表现为写脚本，从文本变为脚本是对原有文本的再创造，下面是电视专题片《特教之花》脚本的内容与分镜头的部分呈现：

> 概括宏观背景，用的是抒情化的语言，符合专题片风格。
>
> "改革开放的镜头""认真工作的场景"太笼统，

镜号	解说词	画面内容
1	江阴，在这块古老而又年轻的土地上，汇聚了千年吴越文化的机敏聪慧，书写着百年现代社会的不懈探索，见证了三十年改革开放的丰硕成果。而今，走进新时代的江阴人民正以昂扬的斗志，在新的历史征程上砥砺前行。	江阴自然风光； 吴越文化展示； 江阴现代化发展镜头； 改革开放的镜头； 江阴人认真工作的场景。

123

续表

镜号	解说词	画面内容
2	江阴深厚的历史文化是因为教育，江阴蓬勃的发展活力得益于教育，江阴人兴学办学的传统创造了江阴教育的千般美丽。江阴教育的百花丛中，人们难忘江阴市特殊教育中心校（以下简称"江阴特教中心"）的倩影与容颜，江阴教育的辉煌少不了江阴特教中心的特殊贡献，它用自己的努力创造了江阴教育的又一个奇迹。	江阴历史文化名人镜头，如刘天华、徐霞客雕像等；教师领着小朋友在雕像下讲解，小朋友围着教师认真听讲；学校门头；学校里特殊孩子上课的场景；孩子们的笑脸特写。
3	如果让时光倒流，2008年是江阴特教工作者最难忘的日子。2008年江阴特教中心的建立，让全市所有听障、智障孩子有了平等享受优质教育的机会。	2008年学校建立的相关照片、视频资料。
4	2008年至今，短短十年，由原聋哑学校与澄江街道培智学校合并而成的江阴特教中心，现在已发展成为一所教育理念先进、常规管理科学、教育质量优良、办学特色鲜明，并享誉一方的知名特殊教育学校。	学校初建时的环境展示；当前学校外景航拍；教育理念展示；教师日常例会场景；日常教学场景。
5	一、信念——在每一个孩子的心中"种植"一束阳光	文字片花特效。
6	听障孩子、智障孩子、孤独症的孩子，他们是孩子，但他们又是特殊的孩子。早些年，学校来了一个脾气暴躁的聋哑孩子，而且他还有偷窃的行为，父亲对教师说："让警察把他抓去吧。"	聋哑孩子、智障孩子的特写；脾气暴躁的聋哑孩子用教师回忆讲述的方式表现。
7	不能放弃孩子！一次次地与孩子谈心，适时地鼓励孩子，给孩子提供生活上的帮助……家长感动于教师的耐心，家长看到了赏识教育的神奇，感受到了爱的力量。学校传递给家长的是温情、温馨……	教师与孩子谈心，鼓励孩子的画面；教师关爱学生（宿舍场景）；家长来接孩子时，看到孩子乖巧地站在教师身边，礼貌地和教师道别，露出欣慰的笑容。

应具体标明几个江阴改革开放的具体场景，如江阴长江大桥、江苏阳光集团等。

从经济社会自然过渡到教育，再过渡到本专题片的宣传对象——江阴市特殊教育中心校。

对学校发展过程和发展现状的概括与凝练，用典型例子具体展现一个教育案例，具有代表性。

"种植"阳光，形象贴切。

用教师回忆的方式表现，这样的安排好。

续表

镜号	解说词	画面内容
8	孩子终于转变了，家长高兴地说："孩子在学校得到了阳光般的温暖。"	家长送孩子上学，孩子主动走进校门；家长握住教师的手，感谢教师。
9	"在每一个孩子的心中'种植'一束阳光"，这是江阴特教中心所有教师坚定的教育信念。因为他们相信每一个孩子都有改变的可能、成长的空间、发展的潜能。每一个"孩子都是一颗小小的星星"。	孩子们在阳光下活动，教师在一旁看着孩子们；孩子们上课、做操、课外活动、做手工等；做手工正好是叠小星星，孩子们拿着小星星展示给教师看。
10	是的，在江阴特教中心，每个孩子都是一颗小小的星星，他们彼此挨近，谁也不排挤谁。他们也能用自己的光与热，展示自己的存在——在年级的存在、在学校的存在、走上社会后的存在……	孩子们和睦相处、互帮互助的场景；郭丽钰弹古筝、李昀健打架子鼓、陈林海还原魔方、七年级全体智障孩子背诵圆周率、外出表演非洲鼓的照片；毕业生黄海鹰书法展等。
11	江阴特教中心的孩子就是不一样，个个都好样。患有孤独症孩子小佳刚进学校时是那么任性、暴躁，是戴老师的信念、耐心、爱心与超高的教学艺术，让一个"问题孩子"走上成功之路。小佳在全国钢琴比赛中获得二等奖。	吴佳晨独自坐在一旁的场景；戴娅萍老师指导吴佳晨练习钢琴；吴佳晨钢琴演出；吴佳晨获奖照片、视频资料展示。
12	又有谁能想到，一个身体有明显缺陷、根本就不愿意学习的孩子能获得特教学生绘画比赛一等奖！	黄文轩同学参加绘画比赛的获奖证书。
13	更令社会各界赞叹的是，一批又一批毕业生走上社会后，成为自食其力的劳动者，还有的成为创业的明星、单位的骨干	优秀毕业生黄海鹰等人的工作场景。
14	二、文撑——"和合"文化与高素质教师群体	文字片花特效。
15	江阴特教中心高质量、高水平办学形象的树立离不开"和合"文化的营造	校门口文化宣传条幅特写。

展现家校协同，彰显教育和谐。

"'种植'一束阳光"是教育理念，也是坚定信念，它对特殊孩子更有意义。

"彼此挨近，谁也不排挤谁"。借用臧克家的著名诗句，很有想象力，也非常贴切。

这儿的镜头安排丰富多彩，也很有可看性。

这是一个特殊孩子走向成功的教育案例。可用几个特写镜头表现。

音乐、绘画，特殊孩子也有特殊才能。

优秀毕业生走上社会、自食其力也能贡献社会的场景，是教育价值的升华。

125

续表

镜号	解说词	画面内容	
16	致和致祥，事业兴旺，这是中华民族的传统。何谓文化？文化就是共同的价值追求。	学校教学楼外墙"和合仁爱 用心同行"特写。	如果说第一部分主要讲学生的发展，那么第二部分就是讲教师的发展。
17	蒋勤楠校长与许多特教教师一样，师范毕业，青春年华，但他们面对的教育对象是如此特殊。于是，有迷茫，也有过动摇，是十年二十年的坚持，才使他们对自己所做的这份工作有了别样的认识。蒋校长说："我们面对的是一群特殊需要的孩子，我们必须尊重差异，为他们提供最合适的教育。""微笑面对每一天，尽力做好每一件事，热心帮助每个人"，是我们共同遵循的行为准则。	蒋校长坐在办公室沉思；蒋校长站在教室外注视着孩子们上课；蒋校长和教师一起探讨教学方式的场景；蒋校长陈述"我的特殊教育观"。	现任校长也是一名优秀的特教教师，用镜头加文字解说，一定会让特教师形象十分完美。

让人物说话，可起到画龙点睛的作用。 |
| 18 | 戴娅萍老师已在特教岗位上奉献二十多个春秋。学习上，她是老师；孩子生病，她是医生；孩子们做游戏，她是伙伴；生活上，她又变成妈妈。她无愧于"无锡市最美教师"的光荣称号，她作为省优秀教育工作者，为党的特殊教育事业做出了自己的特殊贡献。 | 戴老师走在校园里的场景；戴老师教学、陪孩子做游戏、照顾孩子特写；看到孩子进步时，戴老师微笑特写。 | 镜头里戴老师的形象表现出了爱满天下的教育情怀。 |
| 19 | "和合"文化让江阴特教中心的教师力往一处使，"和合"文化也让"教育公平"在江阴特教中心得到了真正的落实与体现。尊重特殊孩子，尊重差异，分别对待，分类指导，个别化施教……江阴特教中心创造的有效教育方式，与其说是教育的技巧，不如说是"和合"文化孕育出来的一份爱的心愿。它体现的是广大一线教师博大的教育情怀。 | 教师们坐在一起，交流教学经验的画面；朱巧云老师教育、关爱学生的画面；不同教师上课的画面。 | 这段议论性文字如何配镜头？可用翻滚与远近交替的快镜头呈现。

将教师的发展上升到文化的层面，就是一种价值观的高度。 |
| 20 | "和合"文化已成为江阴特教中心的一种教育理念！一种价值认同！一个品牌形象！ | 基本功比赛一、二等奖获得者集体照、荣誉证书展示；培训锦旗展示，外校来访（对外交流），意大利米兰相关专家来校交流照片。 | 这些场景如何组合展现？要体现"和合"文化。 |

续表

镜号	解说词	画面内容
21	三、前瞻——特殊教育的特色之路	文字片花特效。
22	1. 特殊教育之"特"加特色打造之"特"形成的独特优势,让学校的发展不断跃上新台阶。	学校获奖一类的照片展示。
23	2. 做实课程特色,构建具有江阴特教中心自身特点的课程体系。活动课程多样化,生活课程情境化,德育课程人性化,实践课程趣味化……丰富多彩的课程,为孩子们提供了更广阔的发展空间,与之配套的是走班选课,让孩子们有了自主选择学习的权利。	生活、德育相关课题结题展示活动的视频片段; 走班课教学:面塑、电脑、书法、歌唱、手工皂、古筝; 活动课程:国际电影节、义卖、手拉手融合活动、我们的节日活动等。 个训:听障语言训练、孤独症智力训练、智障言语构音训练。 职训课:烘焙、园艺、洗车、烹饪。
24	国家课程的校本化路径探索,不但提高了教学的效益,形成了自己学校的教学风格,而且为教师的专业成长创造了条件,提供了平台。	国家课程的校本化路径探索场景; 自编教材《生活化阅读》《可爱的家乡》展示; 教师获奖场景。
25	3. 做精"医教结合""送教上门"新模式。学校通过挖掘已有的资源,联手卫生院等社会组织,创造性开展特教工作,特教作用及功能发挥得淋漓尽致。	"医教结合""送教上门"情景展示; "送教上门"区域分布图、联合卫生院等社会组织开展活动的场景(多部门联席会议照片)。
26	4. 做响"校园艺术节"传统特色,是学校特色打造的一个着力点。校园艺术节是特殊孩子展示才艺的舞台,是培育孩子特殊才能的平台,是彰显办学活力、营造文化氛围的有效方式与载体。	学校举办校园艺术节场景; 艺术节上孩子表演节目的场景(照片、视频资料)。

这样的特教课程与特教方式,非常现代,非常先进,十分具有前瞻性。

这些镜头的安排丰富多彩,通过摄像的艺术,展现出画面美。

适当的议论,既可提高思想的含量,也可起到过渡的作用。自编教材也是一项成果。

这样的镜头摄取是学校向社会的延伸,是对教育理解的升华。

"做精""做响"两个动补结构凸显特色。

续表

镜号	解说词	画面内容	
27	近几年来，江阴特教中心的孩子能在省、市、区各类特教艺术舞台上频频亮相、屡获奖励，与学校着力打造校园艺术节是分不开的。艺术节为特殊孩子插上了飞翔的翅膀。	孩子在省、市、区各类特教艺术舞台上表演的照片、视频资料（江阴大剧院表演节目《爱与我们同行》、无锡教育电视台录制节目《让世界因我而美丽》）展示；全国特教学校艺术表演证书展示。	利用电视台曾经拍摄过的视频资料，巧妙剪切嵌入也是一种方法。
28	江阴特教中心的特色之路，源于他们的前瞻意识——教育要立足当下，也要有为孩子一生着想的长远眼光；教育不仅仅是知识的传授，更是心灵的温暖与灵魂的唤醒……"十三五"期间，江阴特教中心将以前瞻性课题研究为抓手，在特色建设的基础上形成办学优势。	教师团队探讨教育（个别化教学计划制订会议）；课题立项证书、开题论证照片。	议论精当，表现出教育的观点与眼光。
29	四、目标——群众认可，人民满意	文字片花特效。	
30	不忘初心，记得来时路。当年创办特教中心之艰困犹在眼前，如今的江阴特教中心虽然只是江阴教育百花丛中的一朵小花，但它已是那么美丽别致。	教职工精神面貌展示；孩子的笑脸，家长的笑脸，教师的笑脸；学校荣誉展示："江苏省模范学校""江苏省特殊教育现代化示范学校""无锡市教育系统先进基层党组织""江阴市素质教育四星级学校""江阴市十佳教书育人团队""教育部特教学校校长能力提升培训基地"；培训照片、锦旗等。	荣誉的展示，水到渠成，也增强了专题片形象宣传的说服力。 各种荣誉称号可用多角度镜头表现。
31	砥砺前行，踏上新征程。新的时代对特殊教育提出了新的要求。	领导人会议场景，对特殊教育新要求的提出。	"砥砺前行"呼应"不忘初心"。

续表

镜号	解说词	画面内容
32	我们仿佛听到了江阴特教中心每一位教职工的庄严宣誓:为每一个特殊孩子提供最适合的教育是我们的坚定信念,给每个孩子广博的爱是我们的不变情怀,为家庭送幸福、送希望、送未来是我们永恒的理想。	教师集体宣誓视频。
33	我们的办学目标始终如一:让群众认可、让人民满意。	教师们沐浴在阳光下,信心满怀,注视前方。

结尾表现出较高的立意。

显然,有了这样的脚本,有了解说词与分镜头设计,便可真正进入拍摄的阶段了,它离完成拍摄任务的距离也就比较近了。

写专题片对文字表达有更高的要求,准确恰当是一方面,另一方面还要有点文学色彩。以南京市新世纪实验幼儿园的专题宣传片为例,原稿的开头是这样写的:

2000年,人们迎来世纪更迭。在金陵的长江东岸,还迎来了新世纪实验幼儿园的诞生。二十余载砥砺前行,如今的"新幼"已成为知名的公办幼儿园,作为江苏省教育厅直属的公办园,直管的"自留地","新幼"正向着更高品质前行……

修改后:

2000,世纪交替,东风为我而来;2000,千年更始,江涌敢立潮头。金陵古都,长江岸东,文化一脉,教育引领——新世纪实验幼儿园由此诞生。20年砥砺前行,20年挺拔舒展,新世纪幼儿园已从创办之初的小小园所,成长为一所享誉全市的区域化知名幼儿园。

新世纪实验幼儿园以新冠名,用心办园,管理争当表率,质量争作示范,创新走在前列,先后获得"南京市示范幼儿园""江苏省优质幼儿园""江苏省基础教育前瞻性教学改革项目园"等多个荣誉称号。"新幼"用时间诠释了什么是办人民满意的教育,它无愧于江苏省教育厅直属公办幼儿园的禀赋优势。

原稿中强调的"直属""自留地"均不合适,原稿中的语言表达缺乏诗歌的节奏和精当的议论。专题片的语言运用要给播音员留下播音艺术的创造发挥空间。

大型活动串词：
重在起承转合，美在浑然天成

所谓大型活动，并非专指国家层面上的重大节日及纪念活动等。事实上，教育部门与学校也会举行比较大的活动，如每年的教师节，市、区、县都要举行庆典和表彰活动，按人数和时长看，都可算得上是上规模的活动。比如南京市某区庆祝我国第三十五个教师节，区委区政府和市教育局的主要领导悉数到场。整场庆祝会有领导讲话、优秀教师代表发言、颁奖授奖、节目演出等内容，时长近四小时，四位主持人同时登台主持。根据庆祝会的内容撰写主持人的串词，非常有挑战性。这么多的内容，往往一个小环节就是一个新话题，说什么和怎么说，话题与话题之间、主持人与主持人之间，如何做到起承转合天衣无缝，语词连接浑然天成？庆祝会的台本准备非常重要，台词的针对性、生动性决定着整台活动是否成功、是否精彩，它的难度不亚于创作一个小型舞台剧。有点遗憾的是，第一次审稿时，有关同志辛辛苦苦写出来的串词未能通过。这是为什么呢？

我们不妨通过对原稿、修改稿的对照分析，结合我修改过程中的体会，了解大型活动串词的撰稿要求。

原稿：

尊敬的各位领导！

敬爱的老师们！

大家下午好！"庆祝新中国七十华诞，弘扬新时代尊师风尚"——××区庆祝第三十五个教师节专场活动现在开始！

又是一年秋风送爽！

又是一年丹桂飘香！

又是一年金菊绽放！

又是一年丰收在望！

九月的阳光格外灿烂。今年，是伟大祖国七十华诞。从天安门升起第一面五星红旗,新中国已经走过了七十个春秋岁月。我们在中国共产党的领导下,自力更生,奋力拼搏,从贫穷走向富裕,从胜利走向辉煌。值此国庆即将来临之际,让我们共同祝福伟大的祖国——

生日快乐、繁荣富强!

开场有点诗意化的抒情语言,很好!但这四句放在哪个场合都可用。应该更有针对性和对象感,要考虑的内容一是教育的话题,二是地域的范围。关于中华人民共和国华诞的内容,不是说不重要,而是有点多,且意思大多重复。这个过渡要用极概括的语言与教师节的庆祝活动自然衔接。

修改:

风翻白浪花千片,雁点青天字一行。

秦淮明月金风爽,南都(所在区域的别名)秋日胜春朝。

在全国人民喜迎新中国成立七十周年之际,相随于地方经济与社会发展取得的巨大成就,我们欢聚一堂,共同庆祝第三十五个教师节。

首先,我们要向在场的每一位老师,并通过你们向全区的教育工作者表示最诚挚的节日祝贺!

开场四句,一是生动形象,二是点出了地域、针对性更强,三是文化意味更浓郁。"新中国成立七十周年"如何与"教师节"庆祝联系起来,只需轻轻一带。

原稿:

教师是人类灵魂的工程师。无论是力挽狂澜的国家栋梁,还是千千万万的普通劳动者,在其生命成长过程中,都离不开教师的教诲与启迪,都凝结着老师的心血和汗水。

教师,担负着人类承前启后和文明薪火传承的历史责任和光荣使命。教师,用他们的勤劳和智慧,助力着一代又一代人的健康成长,帮助着一批又一批人的励志成才。

"力挽狂澜""文明薪火""勤劳和智慧"……使用这些过于宏大的词当然不会错,应纠正的是句与句之间的跳跃性较大,逻辑关联度较弱。

修改:

教育，一个肩膀挑着学生的现在，一个肩膀挑着国家的未来。党的十八大提出立德树人的根本任务，全区教师应自觉贯彻党的教育方针，努力践行育人目标。

"立德树人"是教育的一个核心词、关键词。对教育的功能与作用"两只肩膀"的表述，是"人民教育家"国家荣誉称号获得者于漪老师的最新观点，鲜活生动，有时代色彩。

原稿：

教育的发展，都是为了实现人的发展。教育的发展，都是为了铸就学生的精彩成长！你们看，一群活泼可爱的孩子们，沐浴着教育的阳光和雨露在茁壮成长呢！（学生表演节目）

这段文字显得空泛、机械。

修改：

孩子健康成长是老师最大的职业成就，学生全面发展是老师最好的人生宽慰。请欣赏孩子们送给教师的第一个礼物《阳光少年操》。（学生表演节目）

多么可爱的孩子！我们从律动中感受到了活力与生机，未来和希望，我们仿佛又一次听到了"少年强则国强，少年智则国智，少年富则国富"的遥远回响。

主持人的话也要有观点，一个节目结束后的恰当评价，则表现出主持人的思想水平。

原稿：

当前，我们正经历着一个改革开放、大潮奔涌的伟大时代；今天，我们面临着一个日新月异、盛况空前的新时代！近年来，在区委、区政府和市教育局的坚强领导下，在全区各街道、园区、部门的鼎力支持下，××教育取得了高质量的发展。接下来，有请区政府×××区长上台致辞，大家掌声欢迎！（区领导致辞）

"大潮奔涌""盛况空前"，用词仍然有大而不当之嫌。

修改：

近年来，区委区政府把"办好人民满意的教育"作为根本宗旨，着力解决广大群众对优质教育资源的需求与发展不平衡、不充分之间的矛盾，××（地名）教育所取得的成就离不开区委区政府与各级领导的支持和关心。

下面有请……

（××区长讲话）

擘画××宏伟教育蓝图，打造区域化高质量发展样本，都需要以尊师重教为条件，我们从××区长的讲话中一定感受到了××教育的宽广前景……

要从政治站位的高度呼应国家教育发展战略，区长讲完后，主持人应有一个总结性评价。

原稿：

在那遥远的新疆特克斯县，有一群××人在那里为当地经济的繁荣发展辛勤地劳作着，无私地奉献着！在这群人中，有24位教师，他们不忘初心，牢记使命，全身心投入特克斯的教育事业之中，用他们无悔的执着，书写着一段援疆支教的篇章。请大家观看记录特克斯支教团队的专题片《筑梦远方》。

这一段总的来看写得不错，但对援疆教师的评价应更加具体一些、精准一些。

修改：

"生活不止眼前的苟且，还有诗和远方的田野。"在遥远的新疆特克斯县，有24位来自南京××区的老师，他们远离家人，援疆支教。他们带给边疆的不仅仅是知识、理念、方法，还有团结、奉献与热爱。他们是××教育的形象大使，也是为国分忧、勇于担当的教育栋梁。

下面请观看反映支教老师事迹的专题片（放映专题片《筑梦远方》）。

借用歌词，可增加趣味性和生动性。要用有节奏的语言，表达观点与情感。

第一次颁奖

原稿：

百年大计教育为本，教育大计教师为本。人民教师，事业神圣而崇高，使命任重又道远。人民教师，一个平凡而伟大的名字，一个朴实而亲切的称谓，一个光辉无比的形象，一座高高矗立的丰碑。

在过去一年里，××教育涌现出一批先进的教育工作者，下面请先进教育工作者代表上台领奖。请区人大×××主任和区政协××主席为区先进教育工作者代表颁奖。

教育大计教师为本，也有一种说法"以学生为本"。如何定义，可以斟酌。如果没有把握，可避开。"平凡而伟大""朴实而亲切""光辉无比"……一些用词不太恰当。

修改：

党和政府从来不会忘记为教育事业作出贡献的人民教师。中国改革开放40年100位先锋人物中就有一线的先进教育工作者。今天受到表彰的先进教育工作者是××区教师的杰出代表，是××区教师专业发展的领跑者。

（先进教育工作者代表上台领奖）

请××区人大常委会主任×××、××区政协主席××为××区先进教育工作者代表颁奖。

要注意主持人台词的时代色彩和新闻效度，改革开放40年100位先锋人物的荣誉授予是鲜活的新闻材料，授予从事基础教育的教师意义尤其重大。

第二次颁奖

原稿：

当前，亿万中华儿女都在为实现中华民族伟大复兴的"中国梦"努力奋斗着！在××万千教师当中，也有着一群追梦人，在追求着自己专业的梦想，在成就学生的同时提升着自我！请大家观看展示特级教师风采的专题片《追梦人》。

不忘初心，铭记誓言——特级教师宣誓（3分钟）（×××、×××等

特级教师）

江河向着浩瀚的大海，曙光迎来明媚的清晨。教师给予学生知识和力量，让学生勇敢地走向属于自己的美好人生。新时代，××教师正以锐意创新的思想、进取开拓的胆略、严谨科学的态度、诲人不倦的品格，扎根三尺讲台，绽放靓丽青春！

在××年"市学科带头人"和"市德育优秀青年教师"的评选中，我区×名教师当选"市学科教学带头人"，×名教师当选"市德育优秀青年教师"，我区当选人数位居全市前列。截至目前，全区拥有在职省人民教育家培养对象×名、正高级教师×名、省特级教师×名、"市学带"及"优青"×名。让我们用热烈的掌声请出新一届"市学科带头人"和"市德育优秀青年教师"代表登台，请市委常委、区委×××书记上台为新当选的名师代表颁奖。

关于特级教师，应该有一个特别的描述与评价。要尽量避免堆砌材料，要正确运用概括性语言。

修改：

特级教师是崇高的荣誉，也是神圣的责任。扬起理想信念的风帆，秉持道德操守的修为，奠定扎实学识的根基，感受仁爱之心的温暖。他们是践行习近平总书记"四有"好教师要求的榜样，他们是××区先进教育思想的引领人。

下面请一起观看《追梦人》，领略我区特级教师的别样风采。

（"不忘初心，铭记誓言"——×××、×××等特级教师宣誓）

如果说，教育事业是大海，那么，我们的老师就像一条条小小的溪流，大海虽然浩瀚无边，但它从来不会拒绝溪流，让我们一起汇入祖国教育事业的大海中去吧！大海永远属于执着于伟大事业的优秀教师。

××年，我区有×名教师被评为"市学科教学带头人"，×名教师获"市德育优秀青年教师"称号。××教育如何走在全市的前列？区教育局以前瞻的眼光，着力于区域化教师群体优化，把打造一支高素质教师队伍作为全区教育发展的根本支撑。做优、做强、做响，多出名师，培养优师，

××区师资队伍的整体形象得以不断提升。让我们以热烈的掌声祝贺"市学科带头人""市德育优秀青年教师"称号的获得者。请中共××市市委常委、××区委书记×××为他们颁奖。

（优秀教师上台领奖）

用习近平总书记关于"四有"好教师的要求概括展现特级教师的风采。

"大海和溪流"这一段抒情表述，可发挥主持人的朗诵优势，增强现场的艺术感染力。

有一句耳熟能详的话叫"工作是大家做的"，要注意各方兼顾，如教育局的领导作用与工作水平也要点到，要自然地融入。

原稿：

"衣襟染霜华，青丝成白发。"是啊！教师书写了一生，写不尽三寸粉笔；教师站立了一辈子，没走出三尺讲台。为了学生，他们选择坚守；为了学生，他们初心不忘。请大家观看反映退休教师风貌的专题片《难舍的情怀》。

"莫道桑榆晚，为霞尚满天。"教师的岗位可以退休，但永远不褪的是他们对教育痴心不改的颜色。在广大退休教师的引领下，我们更多的青年教师正在自己的岗位上接力延续着这难舍的情怀，尽情演绎着青春的芳华。

请欣赏《师乐芳华》——器乐合奏。

"教师站立了一辈子，没走出三尺讲台"，这样的赞美，至少在语言表达上不太美。"没走出三尺讲台"一句，意思不太清晰。"痴心不改的颜色"，这个偏正结构不合适。

修改：

在今天这个特殊的日子里，难忘退休老教师对××教育的贡献与奉献。无情的时光也许能改变一个人的容颜，但永远不变的是教师对教育的一片深情。下面请大家一起观看专题片《难忘的情怀》。

白发如银，遍尝艰辛。一生杏坛，无怨无悔。那是夕阳中的诗情，那是黄昏中的画意，恰逢第三十五个教师节，我们衷心祝愿全区老教师身体健康，永远年轻。

留不住的岁月是昨天的"芳华"，奋斗过的青春是美丽的彩虹。"不奋斗，无青春"。"芳华"是青春的奋进曲,"芳华"是冲锋的集结号,多姿多彩的"芳华"为我们展现的是教育之美的千般花样。下面请一起欣赏器乐合奏《师乐芳华》。

谢谢演奏者的精彩表演。其实,在一线工作的老师,他们每天都在用自己的心声演奏着动人激越的教育交响乐。

写"退休老教师",又过渡到青年教师,写事业、写时间、写人生,如何表达?要尽力做到文学语言哲理化、哲学语言文学化。

原稿:

新时代是奋斗者的时代。"幸福都是奋斗出来的!"××教育质量的不断攀升,离不开无数教师的辛苦奋斗!在成就学生的道路上,总有一群人在奋力奔跑!请大家观看展现高三教师奋力工作的专题片《奋力奔跑》。

我们喜欢九月,因为九月不仅有耕耘的甜蜜,还可以给教师们收获的幸福。列夫·托尔斯泰说:"幸福存在于生活之中,而生活存在于劳动之中。"让我们携起手来,幸福中国一起走!

《幸福中国一起走》四人合唱(歌伴舞),表演者为×××、×××等幼儿园教师。

"我们跟着那新时代,幸福中国一起走!"多么好的歌词啊!这是华夏儿女对伟大祖国的衷心祝福,这是我们对伟大祖国的庄严宣言,我们永远跟党走,幸福中国一起走!

当前,我们伟大的祖国进入了新时代,××教育也进入以高质量发展为目标的新阶段。作为新时代的人民教师,我们要全面贯彻党的教育方针,落实立德树人的根本任务,发展素质教育,推进教育公平,培养德智体美劳全面发展的社会主义建设者和接班人。

让我们在区委、区政府的坚强领导下,不忘初心,牢记使命,弘扬"三不五干"奋斗精神,树立四种崭新状态,为××教育高质量发展走在全市前列作出新的更大的贡献!

尊敬的各位领导,亲爱的朋友们!庆祝第三十五个教师节活动到此结束!

主持人(合):祝大家身体健康,工作顺利,阖家幸福,万事如意!谢谢大家！再见！

还是老问题，似是而非的大话、套话和雷同的话多，用词、用语多有不当，句与句之间跳跃性大，看不出内在的逻辑关联，给人以松松垮垮的感觉。

修改：

活动虽然已近尾声，但我们仍然心潮难平。一位哲人曾说："成功，只有出发，没有到达。"××的教育事业是永远的进行时态，那我们就继续奔跑吧！下面请欣赏专题片《奋力奔跑》。

跑过去的是昨天。

奔过来的是明天。

正在走的是今天。

感谢用汗水和生命书写教育诗篇的高中老师，你们把光留给了学生，也照亮了自己的教育人生。

"我们跟着那新时代，幸福中国一起走。"还记得梦想开始的那一天，我们执着地走到了今天——踏着时代的节奏走起来，分享幸福生活唱起来。接下来请欣赏合唱《幸福中国一起走》，表演者为×××、×××等幼儿园教师。

古人云："凡学之道，严师为难。师严然后道尊，道尊然后民知敬学。"尊师重教是中华民族千年不变的优良传统。立于新起点的××教育——高品位办学、高水平推进、高质量发展，××教育的目标达成需要更多更好的高素质教师。

不忘初心，初心记得来时路。

砥砺前行，前行踏上新征程。

让我们认真学习新时代中国特色社会主义思想，在区委、区政府的领导下，在"办好人民满意的教育"的征程上奋力向前，永不停步。

××教育光明在前！

结尾的部分特别要注意语言的节奏与连续，诗意、哲理、起承转合一气呵成，给人以美的感染力与时代的感召力。应该说，经修改后的台词，基本上符合以上要求。

写序言如同写高考作文

关于写序言，我碰到过两种情况：一是应他人的请求，为新出版的书写序言；二是为写序言的人修改序言。

先讲第二种情况。有些书因组织工作的关系，需要以相关领导的名义写一篇序言，领导同志不一定完全了解与书有关的细节，一般会由工作人员先起草一个文本。比如前不久某学校的一位教师作为援疆干部立功得奖，贡献杰出，这位教师以自己的援疆经历为题材，写了一本很感人的书。负责起草序言的工作人员不能说不认真，但审稿环节没能通过。什么原因呢？我们先看原稿的开头：

当代大学的根本任务是立德树人，崇高使命是为党育人、为国育才。××大学与时代同呼吸，谋国家之强盛，求科教之进步，服务国家、服务社会，××大学在国家需要的时候，总能挺身而出，毫不犹豫地将自己的优秀人才贡献出来……

这样的开头，粗略地读一读，讲得很好，每一句都没有错。细细地想一想，开头的文字应强化与这本书的紧密度、关联度，即要明确地告诉读者这是一本什么样的书。如何修改？我想到了九个字"对得准，扯得上，说得清"——"对得准"即切题，有针对性；"扯得上"就是有话说；"说得清"就是要一层一层有逻辑地说。我想，写序言如果能够做到这九个字，也许就成功了一大半。接下来，如何对这篇序言的开头部分进行修改加工呢？还得对着这本书的内容说。

这是修改后的文字：

这本书是××大学××学院教师三年援疆经历的忠实记录，是她对自己奋斗拼搏的人生和不懈追求的事业一次如潮回忆和激情追忆，更是对党的民族政策和新疆改革开放发展成就的真情讴歌和由衷赞美……

对比两种开头，前者过于宏观，后者则"脚踏实地"，是根据这本书的内容来说的。

  为一本书写序言，要告诉读者这是一本什么样的书，这就叫"对得准"。因工作职责起草包括序言在内的各种文稿，"对不准"遭否定的情况并不少见。如某市教育局组织出版一本书，书名叫"37位校长的智慧行囊"。书名及书的内容很不错，大家对这本书充满期待。接下来的工作是请领导写一个序言，可序言几经修改，有关方面还是不满意。其实这一序言并不复杂，只要观念和思路变一变，由宕开去说到收回来说，变大处说为小处说，并尽力对着书本身的内容说，效果就会明显不一样。

  我们一起分析《37位校长的智慧行囊》这本书序言的原稿。

用思想引领学校主动发展

> 21世纪社会和谐，和这本书有关系，但这个宏观大背景不合适在小篇幅里说。

  进入21世纪，当教育越来越成为提升个体生命质量、增进社会和谐、促进国家昌盛的关键要素，当内涵发展已经成为教育发展的主旋律，当"校本化"已经成为教育改革和发展的主潮流，当××教育在取得辉煌成就的同时又面临着空前的发展挑战和机遇，在这样的背景下，为促进教育优质、快速发展，我们选择了学校主动发展战略。学校主动发展，校长是第一责任人，是学校主动发展的领导者。校长又是凭什么来领导学校主动发展呢？我们认为，校长应依靠思想来领导。因为思想指明方向，思想凝聚人心，思想鼓舞斗志。有了毛泽东思想，才有了新中国的成立；有了邓小平理论，才有了改革开放所带来的巨大成就。国家领导人可以凭借思想改变一个国家的命运，校长同样可以凭借思想来创造一所学校的未来。校长需要用思想来提示教育规律；需要用思想来提炼学校传统，解析学校现状，决策学校未来。学校是培养人的地方，

> 这儿的"类比"表述不恰当。

而"人是靠思想站立的",有思想的校长才能培养出有思想的教师和有思想的学生,才能培养出站立的、有尊严的人。

有人说,思想是人世间最美丽的花朵。这本书,在某种程度上,是我市校长思想的结晶,是盛开的××教育思想之花。

> "提示""提炼""决策"等动词与后面的宾语都不太搭。

(原稿后部分内容略)

首先分析题目,"用思想引领学校主动发展",这样定位没有错,但精度不够,过于宏阔。得好好想想这本书的书名"37位校长的智慧行囊",那么,何不就着书名取序言的标题呢?于是,"智慧:让我们共同分享"的题目就形成了。再看原稿的开头,一上来就讲21世纪如何如何,也没有错,但与这本书具体内容的关系比较紧密。这些都是"对不准"的典型表现。

下面是修改过的序言,全文如下:

智慧:让我们共同分享

> 序言题目紧扣本书的主旨。

37位校长以显著的办学实绩、独特的教育理念,以及其所在学校瑰丽多姿的管理文化成果向我们展示了一支高素质优秀校长队伍的群体形象。

> 开头同样是数字,原稿用的是21世纪,修改后用的是37位校长,想一想区别在哪里?

哲学家狄德罗说:知道事物应该是什么样,说明你是聪明的人;知道事物实际是什么样,说明你是有经验的人;知道怎样使事物变得更好,说明你是有才能的人。

怎样才能使学校变得更好?这是校长最实际的工作考量,也是校长智慧和才干的最好试金石。

> 哲学家语录是论点,是佐证,也是巧妙的过渡。

怎样才能使学校变得更好?"发展是硬道理"。发展学生、发展教师、发展学校,这是校长的天职,也是"校长是学校之魂"的要义。

全书与其说是37位校长优秀事迹的介绍，不如说是37位校长各自学校发展图景的生动再现。

他们有立足于持续发展的目标意识——薛丽君校长和常州市觅渡桥小学，李伟平校长和常州市局前街小学，芮火才校长和溧阳市实验小学……百年老校如何在新的历史时期固本创新、与时俱进，从而激发出新的办学活力，我们从中看到的是教育文化的源头活水。

他们有立足于跨越发展的冠军思维——胡建军校长和溧阳市后六初级中学，张耀奇校长和常州市北郊中学……他们抱定一个信念，有条件要发展，没有条件要创造条件发展，基础薄弱也要争创一流，条件简陋也要创造佳绩。

他们有立足于特色发展的创新姿态——陈耀方校长和常州市金坛区金城镇中心小学，史品南校长和常州市第二中学，羌杏凤校长和常州市新北区罗溪中心小学……立足本校实际，差异竞争，错位发展，不求第一也要唯一，是鲜明的特色让学校获得了办学的成功。

他们有立足于和谐发展的管理追求——任欣伟校长和常州市第一中学，潘小本校长和常州市金坛区第二中学，奚亚英校长和常州市武进区湖塘桥中心小学……以人为本，民主管理，内心坚定，高效团结。他们以宽广的胸怀完成了从制度管理到文化管理的模式转变。

宽广的胸怀，文化的视野，这正是37位校长真正的智慧源泉。恰如孔子对学生子夏的要求：不要做小人儒，要做君子儒。"君子儒"就是胸怀天下、知行合一的人文情怀，这是一个教育工作者最宝贵的品格。

143

在 37 位校长思想和情感的河床中，从 37 位校长多彩绚丽的人生阅历中，无不显露出其"心灵的光辉与智慧的丰富"（林语堂语），而该书本身的创意也充满着智慧。该书的主体内容是"实践的升华"，也是"理论的导航"，而新颖的结构更使该书具有浓重的原创意味。

> 对书的多视角评价。

深度阐述：从教育的种种事实中提炼出的鲜明观点，更符合当今教育的实际情形。

案例剖析：叙事的技巧和形象化的表达，让文字更具有可读性和感染力。

问题选答：是难点，是疑点，也是兴奋点。由问题牵引出的思想碰撞往往更有针对性和更能引发共鸣。

愿景寄语：点燃激情，超越梦想，诗意和哲理的结合，短短的寄语昭示着教育的未来和希望。

各方点评：百余位专家学者的精要提示穿插全书，无疑大大增加了该书的信息量和含金量。

> 五个方面向读者展示了书的体例结构和主体内容的构成。

这一个个大大小小的行囊，是满目的杏坛春晖，是亮丽的校园风景，我们在目不暇接的欣赏之余，已悄然无声地得到了心灵的浸润和智慧的提升。是的，一位教育家早就呼吁过：让我们从校长和教师的心声中倾听教育的真谛吧！

> 是总结概括，也是情感抒发，"大大小小的行囊"一句则是巧妙点题。

该书出版后，我就修改过程中的体会和认识与"序言"原稿作者交流，他忽然明白，如开头的文字同样提到了数字，原稿是"21 世纪"，修改稿是"37 位"，区别在什么地方？简要地说，就是对象感和针对性，这就叫思维的精度。没有思维的精度，也就谈不上阅读的信度。也就是说，没有高精度的表达，读者就难以接收到作者的思想与观点。这样的阅读不仅无效，而且会让读者感到失望和不悦。

2018 年，我应邀为苏州大学《创新驱动进行时》一书写序言。这本书的层次比较高,我仍然按照"九字诀"原则写,同样得到了作者和各方的认同。该简短的序言题目为"创新图景、学术视野、时代旋律"。

当然,序言并非一个模式,如果天下的序言都一样,那就无序言可读了。如果是为严肃的学术著作写序言,序言当有一定的学术含量。不久前我应邀为一本语文教育研究专著写序言,为了写好这篇序言,我把原著读了三遍,还做了一些卡片摘抄,写了七八则小的随笔,最后形成了一篇题为"一个独特的研究视角:语文经历化与化经历为语文"的序言。

我们同样用旁批方式对这篇序言作一点分析:

> 写杨振宁引出"经历"一词,这样的"扯得上"比较新颖,能引起读者的兴趣。

2019年4月29日,杨振宁应邀来到中国科学院大学雁栖湖校区发表演讲,演讲的题目为"选择有前景的研究领域——与中国科学院大学研究生谈学习与研究经历"。这位世界著名科学家、诺贝尔物理学奖获得者真情讲述自己的"研究经历",充分展示了自己的"经历研究"。物理学"经历研究"是杨振宁一生中最美丽的风景。

"经历"一词,让你共情、共鸣又遐想翩翩。

经历是教育也是文学,它曾唤起多少人对过往年轮的温情和记忆;经历让你有一双发现的眼睛,看见不易被看见的东西。

> 用排比句的形式回答经历是什么,高度切题。

经历是文学也是历史,它忠实地记录着已经发生和正在发生的一切,昭示着没有发生或将要发生的可能与现实。历史告诉你,没有一件事情可以离开"经历"而孤立存在。

经历是历史也是哲学,它让你在纷繁的世界中、在人生的迷宫中抬头看见星星,又能在星星的指引下走出人生的迷宫。

丁义国的论著《从"语文经历"走向"经历语

文"——初中语文教学改革的新视域》的研究视域，它的独特性不仅仅是"经历"一词，而是化经历为语文的人生体验。恰如钱穆所言的"从人生教育走向教育人生"，由"语文经历"到"经历语文"是语文教育所呈现出来的一种语文学习的状态，亦可定义为获得语文能力与习惯的复杂整体。语文学习不仅仅是一次次的知识训练，语文教学也不只是一项项的工作，作者由自己语文学习和教学经历而形成的"经历语文"，犹如一支绚丽的、燃烧着理想的青春浪漫曲，在多指向的诗情朦胧中，渗透着系统的教学总结、深刻的教育反思、通彻的人生感悟。我们有理由相信，作者是力求将语文学习、语文教学上升到文化的层面去探讨研究的。

> 巧用国学大师钱穆的观点，再进一步阐述经历语文的含义。

作者在该书的后记中写道："坚守教育事业三十载，我始终是一名一线语文老师。"三十年，从一点一滴的"语文经历"到堪称杏坛风景的"经历语文"，这是情感的积累、思想的积累、人生的积累。该书的出版是作者三十年语文经验之升华，也是三十年语文教学历练之高度集成与凝练表达。我作为最早的读者，也是一直没有离开过语文教育工作的同仁，该书至少给我提供了以下三个维度的解读空间。

> 引用该书作者的话，使引言更契合全书的主旨。

> "三个维度"的解读体现了作者的观点、评价及相应的逻辑结构。

一、着于平地的生长——这是一本体现本土情怀、校本特色的教学实践之作

作者任校长的海安市海陵中学以高质量形象、高品质追求、高水平发展享誉一方。其中，语文教学成绩十分突出：不仅仅表现于出色的中考成绩，更体现于学生语文能力的全面与持久。在丁义国的观念里，语文教学浓郁的人文气息营造，将给学生以看不见的熏

> 第一个维度，"着于平地"实践之作，注意它与后面两个主要观点之间的逻辑关系。

146

陶，它是学生语文素养与综合素质不断提高的强有力的支撑。让每个学生都拥有真正属于自己的语文经历，并因势利导助力学生把经历转化、发展为能力，这也许才是提高语文教学质量的要义。

作者在调至海陵中学前，先后在海安市白甸镇的小学、初中、成人教育学校教语文、做校长，拥有小学语文、中学语文、大学语文全覆盖之丰富语文教学经历。这并不是说有足够的语文教学经历就一定能教好语文，但作者年轻时"资质的俊秀"和"后天的努力"使他的语文教学不断增添成功之经历。它彰显的是作者真心热爱教育事业的理想信念，处处为人师表的道德修为，不断学习进步的知识积累，倾情奉献付出的教育情怀。从一定的角度看，是作者的语文教学经历，成就了作者的语文教育人生。

> 叙述与议论及评论结合起来。

坚实的语文课堂实践，丰富的语文课程建设实践，还有校本化语文课题研究实践，"三课并举"之实践才使得这本专著中的材料是如此丰富翔实，案例是如此生动典型，内容是那么丰满鲜活，讲述是那么具体生动。这是一棵从泥土里长成的树，是一朵在山野中开出的花……从乡镇走出来的丁义国，他的语文教学经历，他所在学校的语文教学经验，着平地，接地气，可学、可用、可借鉴。如"四人合作学习小组""自能阅读策略""经历语文学习的阅读素养评价"等等，都是被实践证明了的有效方法，对语文教师都会有切实的帮助和有益的启发。

> 列出"硬核"教学方法及经验，增强说服力。

> 第二个维度"立于高处"与理性思考。

二、立于高处的升华——这是一本具有宏观视野、前瞻意识的理性思考之作

让实践升华，使具象抽象，变零散的材料为系统的经验，再将经验上升为理论，这当然不是一件容易的事。比如说，要回答什么是"语文经历"和"经历语文"，特别是后者，"经历语文"的概念如何界定？如何定义？内涵与外延的关系怎样厘清？好在作者在平时已做了许多提炼语文教学核心经验的准备。在该书第一章第四节中，作者对"经历语文"的内涵和要义给出了自己的阐释和定义，其中如"内在的、相对稳定的语文能力结构及状态"的描述，还有"语言感知力、审美鉴赏力、逻辑证明力、思维发展力与可持续语文学习热情"的范畴规定、价值判断等，都彰显了作者对"经历语文"的真情体验、独特思考和系统建构，也彰显出了作者对真正的语文教育的透彻领悟。

> 连用三个疑问句，强化问题导向。

什么是真正的语文教育？丁义国在从"语文经历"到"经历语文"的展示中，在化经历为语文的讲述中，或直接，或间接地给了我们更为具体、更有精度的定义化、哲学化答案。

我在感受作者对"经历语文"理性分析的过程中，亦体会到了作者对语文教育的巨大热情。

三、向着宽处的探索——这是一本讲述自己从"语文经历"走向"经历语文"的教育改革研究之作

中学语文研究流派纷呈，千般花样，如"生态语文""本色语文""绿色语文""真语文"等等。丁义国的"经历语文"角度较小，但容量不小，视域与以上所列语文研究有所不同，一方面可避免雷同，但最根本的是作者以长期实践与"硬核"质量为支撑，是自己的做法、自己的想法、自己的办法，并用自己的语言加以建构与表达。语文经历人人都有，语文教学经历每个语文教师都有，作者所要呈现并加以实现的不

> 第三个维度"向着宽处"与教育改革研究，自此可与第一、第二个维度的表述联系起来，看它们之间层层递进的关系。

> 对书的具体内容和体例框架做概括性介绍，并且在结尾处让"经历语文"的意义和价值再一次升华，让视野更加宽广、立意更加深刻。

仅是经历，而是经历化。一个"化"字，隐含着作者走向思想、走向理想、走向怀想、走向更宽广的语文世界的气度与情怀。"经历语文"的研究具有实践性、发展性。该书单的体系化逻辑架构，就体现了作者实践与探索的创新追求。全书分六个章节，第一个章节为溯源，问题导向；第二个章节为回望对比，历史观照；第三个章节为深入教学，尝试解析；第四个章节为典型习得，核心经验；第五个章节为课堂课程，校本研修；第六个章节为鸟瞰剖析，汇通融合。六个章节既相对独立，又是一个完整的体系，它既是过往经验的提炼与总结，也为作者自己擘画出了"经历语文"的诗和远方。我们在学习"经历语文"的思想碰撞中，我们在与作者分享共情时，也能形成属于自己的价值判断，实现自己的价值选择。比如说语文是一个人一生的素养，语文是一个人一生的修为，语文教育要让人成为人而不仅仅是某种人，化经历为语文，让语文助力你发现无限可能又懂得适时把可能转变为现实，从这个角度出发，语文即思想。

丁义国校长的"经历语文"获得了江苏省基础教育类教学成果一等奖，为这本书写序言，不能只泛化地讲一点溢美之词（这也是序言的通病），为这样一本书写序言，序言也要有一点学术含量和学术价值。尽管比较难，但得尽力做，其中三个维度的逻辑架构的建立，即是努力、尽力的结果。

一篇好的序言，一要对原书稿的内容作概括性介绍，二要对书的内容作出自己的评价，三要用自己的眼光发现该书的独到之处，四要有一点情感和温度。一篇好的序言往往是理性与感性的结合，学术表达与文学表达的结合，序言也要做到内容与形式的统一。

又到毕业季——校长致辞大比拼

毕业致辞是不是教育文稿？当然是！文稿是书面表达，但2021年西安交通大学校长王树国的毕业致辞是口头表达，因为他手中没有文稿，用王树国校长自己的话说："昨晚一宿没睡，反复思考在今天的毕业典礼上讲什么和怎么讲。"原来王树国校长打的是腹稿，是已经装在脑海里、隐藏在内心中的稿子。要说王树国校长这次毕业致辞的特点是什么？那就是全程脱稿。全程脱稿虽然是一个明显的亮点，但它仍然属于形式的范畴，关键还是内容的高水平，内容的高水平当然离不开思想、情感、观点及语言的感染力，这些都是优秀毕业致辞的题中应有之义。如果从文本的角度看，王树国校长的致辞是很高的政治站位与非常接地气的质朴情感的无痕衔接与自然融合，是大开大合的宏阔视野与细微精微的社会观察的呼应对接。王校长从"百年未遇之大变局"说起，用习近平总书记在庆祝中国共产党成立100周年大会上对青年人的殷切希望为总领，分别从"志气、骨气、底气"三个方面建立观点，展开论述，旁征博引，用史实论证，大气、豪气、气势磅礴，其脱稿致辞愈发显现思路的清晰和情感的饱满。

近年来，高中校长的毕业致辞常常"造就"毕业季"网红"校长。"莫道今朝伤离别，舟船明日济沧海……镇江一中校长吴铁俊的这篇毕业致辞火了。"这是江苏主流媒体《扬子晚报·少年志》的报道标题。"火"在何处呢？

一是火在温度。校长代表学校和老师真诚地祝贺同学们顺利地完成了高中阶段的学业任务，同学们真诚地感恩老师和学校的培养。特别在致辞的最后，校长提议全体同学以起立的方式感谢父母和老师。此时此刻，在场的所有人心中那些最美好、最真挚的情感都会油然而生。

二是火在尺度。吴校长由三个"正确处理"告诉同学们未来的路应该用什么样的价值尺度去衡量。有了做人做事的尺度，人生就不会偏离方向。

三是火在宽度与高度。"一个之我是小我也，天下之我是大我也。"吴校长关于大我与小我之间关系的论述，质朴而境界高远。一个人若没有家国情怀，那一定是走不远的。

无锡市东林中学2021届毕业典礼上，校长叶映峰的致辞充满着温暖、温馨、温情。致辞文稿中的三个小标题分别是："校园很小，同学们很'大'""分数很好，只是温饱""东林校友，竞志起飞"。叶校长似乎在与同学们随意谈笑中便完成了毕业致辞的任务，毕业致辞中自然而然彰显了饱满的语言张力。

有一所百年老校，校长希望在毕业致辞中体现学校文化，要有鲜明的时代特色，表达上要有文学的感染力，还要有一点哲理的启示。如何做到？怎样达成？我们不妨作如下的虚拟模仿：

亲爱的同学们、老师们：

> "你们再看看学校，学校再看看你们"这是巧妙运用2019年全国卷Ⅲ高考作文题的元素，这样容易引起学生的共鸣。

又是一年毕业季，我们相聚在一起，隆重典礼之后，我们又即将离别。三年校园生活，激情回望心绪难平；三载学习经历，水流奔涌如潮记忆。你们再看看学校，学校再看看你们——难忘和同学的朝夕相处，难忘师生共情的美丽课堂，难忘操场上的挥汗如雨，难忘艺术节的忘情歌唱。漫步于沁水河边，走在校园的文昌路上，浸润笔墨纸砚印五景奇观，既有"何须浅碧深红色，自是花中第一流"智慧的悄然抵达，也有"过江千尺浪，入竹万竿斜"的强大文化气场感染，更有"数风流人物，还看今朝"之国家栋梁之材的遐想翩翩。

> 注意排比句中的递进关系和抒情效果。

从历史深处走来的××中学，最引以为豪的是时光穿越英才辈出，文化立校一脉相承。我们无须在今天这个场合再一次历数昔日校友的杰出成就和光辉人生，但我要赞美在座的每一个毕业生过去三年的奋斗和努力。"不奋斗，无青春"在你们身上得到了最好的印证，"不努力，无人生"在你们身上得到了最好的诠释。破解一道难题后的轻松愉快，完成一次考试后的喜忧参半，获得一次成功后的喜极而泣……你们的三年高中生活，是与汗水相伴的苦乐年华，是与勤奋相依的拒绝平庸，是由激情梦想编织而成的青春与不朽……我们在乎得到心仪的结果，我们更明白人生路途漫长，而三年××中学的求学过程才是我们最值得收藏的精神财富。在老师再看看你们与你们再看看老师的毕业典礼上，同学们一定会对你们的老师捧上一颗感恩的心，感恩老师期待的眼神给你的温暖和力量，感恩老师真切的教诲给你的启迪与醒悟，感恩老师无数次的鼓励和帮助，感恩老师有点严厉但又充满善意和温情的批评……愿你们带着感恩上路，昂首阔步，走上更美好的人生奋斗之途！

> 励志竞志，青春回忆。

> 连用四个"感恩"增强感染力。

人生不是朝露，文化定能千秋。"精一"是××中学的校训，也是××中学代代恪守的精神信条。立于世纪之交的××中学的"精一"文化，将在立德树人目标愿景的践行中弘扬光大。这也许才是母校给予你们未来的真正力量，母校相信"精一"文化将从以下三个方面为你们赋能助力：

> 对学校传统文化的解读隐含着校长对即将离校学子"不忘初心"之殷殷嘱托。

一是立高处致广大，经常仰望星空的宽广视野。

"精一"之"一"为道体观念，乃冠军思维，是不忘初心砥砺前行，或从头再来又一次出发；"精一"之"一"就是一个没有任何瑕疵的圣人，它将始终引领你们迈向光明，创造未来。

就算前方路途坎坷，就算艰辛萦绕身旁，你永远不会失去人世间的热情和勇气……

二是着平处尽精微，每天脚踏实地的笃行态度。

"合抱之木，生于毫末；九层之台，起于累土；千

> 说理的过程既有对中国传统经典的应用，也有对世界级名人名言的化用，如

> "质朴比巧妙的言辞更能打动我的心"是莎士比亚的名言。

> 这里的表达很有哲理诗的味道。

> "可为"与"作为"是2021年全国甲卷高考作文题的元素,这样的引用、化用,不但鲜活接地气,而且带有情味、趣味。

里之行,始于足下。"打好基础,精益求精,做到极致……敢挑千斤担也要学得真本领,××中学的代代学子永远信奉质朴踏实比巧妙言辞更能打动人心。

三是向宽处达中和,处处"精一合一"之创生无限。

"一生二,二生三,三生万物"是大自然生生不息的生命歌唱,致广大、尽精微、达中和是力行力学心系天下超越自我的浩荡胸怀,你们的未来应该怎样努力生长——在跑过去的昨天中总结得失,在奔过来的明天中从容应对,于正在走的今天中只争朝夕。你们也因此会感到在似水流年中,母校在你的身边从未走远,你们永远都会把三年高中生涯藏在心中的梦想化为创生无限的澎湃情感和行为动力。

处在伟大时代,身在可为世界,唯主动求变,唯责任担当,唯作为有为,才能收获精彩、创造世界。母校真诚地为你们祈愿,为你们祝福。世界一定会因你们而灿烂!

校长毕业致辞大比拼,拼的是真情实感,拼的是思想怀想,拼的是智慧气度,拼的是诗意哲理,拼的是个性独特……无论是思想的深度、情感的温度、价值的尺度,还是语言表达的力度,要让听众形成很高的认可度并不容易。最近几年的校长毕业致辞,由大学向高中"延伸"。一个有趣且可喜的现象是,高中校长的毕业致辞与大学校长的致辞同样精彩,有的甚至更精彩。

工作总结：年年犯愁年年写

无论是单位，还是个人，总结年年有，年年犯愁，年年要写。一位教师说，转眼就到期末，学期小结还没交呢！我参加过南京市五老村小学的一次期末活动，也是一次年终活动。活动的主要内容是各学科教研组长上台总结本学科一年来的工作。让我印象深刻的是，与其说是学科年度工作总结，不如说是各学科组一年工作水平和工作成绩的比拼。各学科组都很重视文稿格式，有的组还是以课件的形式来作总结的。我注意到，每个学科组的总结都有一个题目，比如有一个学科组年度总结的题目是"国家课程校本化实现的'五老村'行动"。一看这题目，总结就有层次。这个题目是有角度的，是有重要信息隐含于其中的，也是有思想含量的。"标题＋正文＋落款"，这是总结的大格式。如果说标题很重要，那么正文就更关键了。正文又离不开前言、主体、结尾三要素，其中主体内容是要着力写好的。主体内容一写基本情况，二写取得的成绩，三写存在问题，四写努力方向。但也不是平均"使用"力量，更不是面面俱到。那个发言标题让人印象深刻的学科组，在总结的正文部分重点讲了课堂教学方式创新的六大活动及其影响，至于说存在的问题与努力的方向，只是一笔带过。

有些教师说，年年都要写个人总结，总觉得找不到话说。怎样才能找到话说，不妨给你一个逻辑模板——"做了什么＋怎么做的＋做得怎么样＋一点体会"。有了这个模板，你就容易找到更多的话说了。比如说某老师写2022年的工作总结，他重点写了自己是如何停课不停学、开展线上教学的，其中就包括了"做什么"和"怎么做"的内容。做得怎么样？那位老师在总结里用了三个案例来说明，结论自然而然地就出来了（"做得很好"）。个人年度总结一般在后半部分还要讲一讲存在的问题和今后努力的方向。

总结的种类繁多，按性质分，有综合总结和专题总结等；按内容分，有工作总结、经验总结、问题总结、生产总结等；按范围分，有地区总结、单位总结、部门总结、小组总结等；按时间分，有年度总结、季度总结、月份总结等。如果是学校，少不了学期总结。

根据我写总结的经验，专题总结的写作要求要高一些。高在何处？如选材与角度的别样，正反两方面经验（教训）的提炼。对所写专题的独到看法……犹记得20世纪70年代，我为一个地方写经验总结，我选了这么一个角度并形成相应的立意：×××生产大队党支部带领广大人民群众不等、不靠、不要，依靠自力更生、艰苦奋斗的精神大干、苦干、巧干，终于摘掉了贫困落后的帽子……在这个立意的基础上总结出了三条经验：一是发挥基层党组织的战斗堡垒作用，二是把老党员的带头作用与青年突击队的组织活动结合起来，三是所有干部与群众吃在一起、干在一起。有了这三条经验的总结，这个文稿就更有典型性价值。

最近几年，专题教育培训比较多。如江苏省教师培训中心不久前举行的"高中教学管理执行力"专题培训，交一份总结是必须完成的任务，规范总结一般的格式是：

开头写一写学习班的背景、学习的内容、听了多少次报告，这当然只能概括地写。接着要总结出几条学习的体会，说出一些具体的收获，如一是长见识，二是开眼界，三是接地气、可操作。有了三个方面的体会，总结的主体内容也就容易出来了。只要相应的例子、提供的材料分别与三个观点相吻合，就可以了。总结的最后部分还可以写一点自己的不足和困惑。

专题学习的总结写得好，往往会引起组织者的注意，有时会让你作专题总结发言。

我们一起分析一份优秀的专题学习总结。

开阔视野、拓宽思路、促进思考
——我的学习小结

在国家行政学院参加高层次培训，机会难得，收获很大。

一、开阔了视野，提高了认识

×天的学习，先后听×××专家的讲课，××老师的专题辅导，也听了×××部长的报告，所有学习对于我们长期在一线工作的校长来说非常及时。我们对国家教育发展的历史轨迹和宏阔背景，对发展教育的国家战略、顶层设计，以及对教育发展的规律，特别是对建设高质量教育体系的目标导向、思想遵循、政策旨归等有了新的认识，增强了文化自信，更增强了教育自信。这也是我作为兼职督导人员第一次比较系统地，也是较高层次地学习、了解、研讨我们国家关于教育督导的一系列的方针、政策、改革措施、工作范围及要求。我和在座的各位学员一样，深深地体会到，教育发展到今天，教育督导对建设新时代高质量教育体系具有很强的现实意义和深远的历史意义。而我们教育督导的薄弱性、零散性、滞后性将影响到高水平教育发展的步伐。可以这样认为，教育督导从来没有像今天这样迫切和重要，我相信这次的学习一定会对我们市各区的教育督导工作方式的创新，全市教育督导工作跃上新台阶的推动，产生积极的意义。

二、拓宽了思路，增强了使命

此前，我也参加过一些督导工作的学习及相关活动，也知道督政、督学、质量监测三位一体的工作职责。如果说这次学习与以往有一些不一样的方面，我的体

> 总结或小结，也可以起一个题目，这个12字的题目是作者的学习体会与收获的凝练。

> 关于这次学习班的收获，作者说出了自己的观点，不但有对比效果，而且有政治站位。

会是：最大的不一样就是拓宽了我们的思路，强化了我们的责任担当意识。我们应该站在新时代百年未遇之大变局的历史高度看待今天的教育，对督导工作也要做到精准识变、认清形势，科学应变把握趋势，主动求变顺应大势。我们所督之学的大方向在哪里？那就是以人民为中心的教育发展理念，让广大人民群众分享教育发展成果，以高质量教育体系的建设促进并最终实现教育公平。我们处在这个伟大又快速变化的时代，既幸运，又深感责任重大。这次培训学习的主题虽然是督导，但它对我们所在学校的管理与发展也会起到拓宽工作思路的作用，更能帮助校长强化做好教育工作、督导工作的责任意识。

> "三个变"，这样的逻辑建构就有了哲学的意味。

三、促进了学习，收获了思考

这次培训班一方面拓宽了我们的视野，另一方面也促进了我们的学习与思考。比如督导督什么？导什么？内容很丰富。我的思考是：一督教育公平，二督质量保障，三督内涵提升。导什么？一要引导学校落实立德树人的任务，二要引导教师践行教书育人的使命，三要引导学生主动、全面发展。督与导是一个不可分割的有机整体。

> 学习以后很明确地讲出几点自己的看法，这是最大的收获，这样的总结是高质量的。

在这次培训学习中，专家学者对督导工作的现状作出了很好的分析。我的理解和思考是：做好新时代的教育督导工作，一要建立结果评价的约束与激励机制，如果没有落实、落地的结果评价机制，督导工作容易空且虚。二要建立更深层次的教育对内协调机制。如何缓解优质教育资源相对短缺的矛盾？中心城市的"虹吸效应"导致"地理鸿沟"的现象如何逐步消弭？如何从"县域均衡"走向"市域均衡"？深层次教育对内协调机制的建立也应该有教育督导的推动力量。三是形成更宽领域的教育内外联动督导机制。对教育的监督还需要社会各界的力量,包括人大、政协等各类组织机构,为教育督导工作提供创新、创造的空间。教育督导可为,更要有为。

> 不但谈已有的收获,而且提出经过深度思考后产生的新问题,这便是高层次的总结结尾。

从这个专题总结我们可以看到,写总结,特别是写专题学习总结,不能只是罗列甲乙丙丁,也要提出自己明确的观点,并将观点和材料统一起来。一份好的总结,要体现思想与实践两个方面。

校园新闻稿的几种类型

没有互联网的时代，一张校报、一个广播室（站）是许多学校，特别是高校的标配。后来又有了校园电视台，随着互联网的发展，学校又有了自己的网络平台——学校网站。但所有的这些都是渠道，都是载体，都是工具，关键是内容。呈现内容用得最多的文体（或者说文章的样式）就是新闻。

新闻写作以呈现事实为要，把真实发生的事情写出来再报道出去，便形成了新闻。但不是所有真实发生的事情都能成为新闻，一个经典的新闻概念的形象化阐释为：狗咬人不是新闻，人咬狗一定是新闻。我们看下面几个事实，判定一下哪些事实可成为新闻：

1. 下午四点，初一年级组开工作例会。
2. 王琳同学捐出 1000 元奖学金，用以资助特困生张金山。
3. 昨天，语文组秦老师的手机找不到了。
4. 今天中午陈老师请司老师吃饭。
5. 今天下午全体党员听党校张教授解读十九届五中全会精神。
6. 张好同学获全省中小学诗歌竞赛一等奖。
7. 象棋大师徐天红来到学校，为棋类兴趣小组的同学讲课。
8. 一年一度的校园艺术节落下帷幕。

如何判断以上事实能否成为新闻？一个简单的方法是：平常人＋平常事≠新闻；平常人＋不平常事＝新闻；不平常人＋平常事＝新闻。

校园新闻也是新闻，也要遵循新闻写作的规律。

前不久，我在网上看到一所学校的校园新闻，讲的是一次语文教学研讨活动，主体内容为听课与专家讲座。这则校园新闻呈现出来的文本属于"四不像"，没有文体感，更不像新闻稿，只是材料的堆砌，事实的呈现没有取舍。如专家在讲座中讲的话："语文教学主要是培养学生的思维，不要机械背诵，增加学生的负担。"把专家的报告内容原原本本地搬到稿件中去，后果是堆砌材料不像新闻稿。二是照搬专家的错误观点（"语文教学主要是培养……不要机械背诵，增加……"）形成误导，识记与背诵对语文学习非常重要，它与思维培养并不矛盾……由此可见，写校园新闻稿不但要有新闻写作的专业素养，还得有一定的思想水平及辨识能力。

新闻写作作为高校的一门课程，作为一种专业学习，内容很多。新闻写作作为一种文体，样式也非常多，如新闻消息、新闻通讯、新闻特写、新闻评论（属于议论文范畴）等。

我们以某校一年一次的校园艺术节为例。作为校园新闻，可以把它写成一则消息，标题如"第××届校园艺术节落下帷幕"；可以写一篇新闻特写，标题如"七岁小女孩一首《我和我的祖国》惊艳四座"；也可以写一篇新闻评论，标题如"艺术节助力学校美育高水平推进"。

当然，如果能写一篇比较完整的新闻通讯，宣传效果会更好一些。下面我们一起尝试一下：

"又到桃花盛开时"是正标题，"××年校园艺术节巡礼"是副标题。这个题目的特点是正标题虚、副标题实，但正标题中也有实，"又到"传递的重要信息是：过去有过，年年都有（桃花一年开放一次），"又到"（虚实结合）隐含着作者喜悦与期盼的心情。副标题则点明通讯所要表现的具体事件及相应的内容。

学校一年一度的艺术节也许是你的亲身经历，有这个条件当然更好。不过，无论你有没有亲身体验，动笔之前都需要作一些准备，如采访负责艺术节的相关人员，或采访在艺术节上表现出色的"校园明星"，乃至直接采访校长（采访前不妨先拟一个采访提纲）。还有，通过视频再一次感受艺术节的热烈气氛和隆重场面。动笔前的准备因人而异，因条件而异。如果你觉得自己全程参与、全程见证，情况熟悉，材料丰富，相信你即使没有采访环节，也能写出一篇完整的新闻通讯。

如何写好这篇新闻通讯呢？构思时，你可以这样布局：以时间为顺序，从艺术节的开幕、文艺演出，到各类艺术的展示、高潮迭起，直至结束，向读者呈现艺术节的盛况。需要提醒的是：要注意详略得当，要有几个特写镜头,也要有观点统领,不能给人以流水账或材料堆砌的感觉。按时间顺序写的新闻通讯,较重视结构。另一种写法,则是以场地及空间转换来谋篇布局。我们尝试模拟三个场景:

1. 大画家与小书法家同台献艺。(学校邀请书画大家参加艺术节活动)

2. 56个民族56朵花。(礼堂里来自新疆的同学的精彩表演)

3. 手工坊里秀技艺。(刺绣、陶艺表演)

这样的写法叫"横式结构"。除按照空间变化进行篇章架构外,还有一种方法是偏正并列架构。如一位记者写的通讯作品《世界屋脊上的西藏》,他从"西藏的风土人情"这个主题出发,分别向西藏的气候、居民、宗教、文化交流和经济建设五个层面辐射,对西藏作全方位的报道。当然,横式、纵式都是相对的。如有必要,特别是长篇通讯,纵横交叉、横纵结合、灵活穿插也是一种选择。

新闻通讯与新闻消息虽然都属于新闻,但前者的表现往往更丰富、更艺术、更富有感染力。如写"又到桃花盛开时"这个题目,可适当地表现一下"桃花一簇开无主,可爱深红爱浅红"的明媚春光,那么描写抒情的表达方式就更有用武之地了。

写新闻通讯近似于深度报道,可以写一条新闻消息,甚至一则简讯,题目如"第四届校园艺术节昨日拉开帷幕"。写新闻稿,标题很重要,有的新闻稿除一个正标题外,还会有一个副标题,副标题一般能起到补充说明的作用,"又到桃花盛开时——××年校园艺术节巡礼"就属于这种类型。有时正标题上面还会有标题,目的是强化或彰显价值,有时则是抒发情感,如"才艺展现大舞台,素质教育共精彩",这种情况下的标题在新闻术语中也叫"眉题"。正题下面除副标题外,还有一种情况叫兼题,如果属于兼题,一般就不需要加破折号了。

新闻稿一般由标题、导语、主体三部分组成,相应的新闻背景交代,有时体现在主体中,有时在导语中。新闻消息,这是最直接、最简易的呈现新闻事实的文体。新闻消息一要讲究时效性,二要讲究概括性,要在较短的篇幅中向受众传递最准确的新闻信息。

从事学校新闻宣传的老师，可先学习写新闻消息，逐步熟悉新闻语言及新闻的表达方式，直至能够熟练驾驭多种类型的校园新闻稿。

有一种新闻稿属于深度报道，写作的难度明显增加。既然是深度报道，就有"深度"的要求。下面是《南京晨报》对南京一所高中的深度报道，报道内容不但有新闻事实的呈现，而且有核心办学经验的提炼，在行文上还有一定的文学色彩。该报道被包括"学习强国"在内的多种媒体平台转载，广泛传播。我们仍然用旁批的方式，对该报道作分析：

南京新增一所四星级高中
一所乡村中学的改变与崛起

走进南京市六合区程桥高级中学（以下简称"程桥高中"），亭台楼阁，碧水映荷，绿树掩映，一座"雄鹰展翅"的雕塑特别引人注目，它由我国雕塑艺术大师吴为山专门为程桥高中设计创作，象征着程桥高中的理想与信念，预示着程桥高中发展的广阔天空与无限的美好前景。

> 注意标题中的关键词"乡村中学"是属性，"改变"与"崛起"两个动词不仅有张力，而且有内在的逻辑关联。

晋级"四星级"高中，校园面貌焕然一新

前不久江苏省教育厅公布了2021年度普通高中星级评估结果，全省共有8所晋升为四星级普通高中的学校，名单中的第一所就是程桥高中。这是程桥高中历史上具有里程碑意义的一件大事，不但鼓舞了全校师生，在所在区域也引起了很大的反响。

> "焕然一新"，犹如欣赏一幅画，先写直接感受带来的审美愉悦。

创办于1956年的程桥高中，走过六十六年风雨，伴随着改革开放的步伐，曾经的辉煌、区域的调整、生源的变化……面对程桥高中在发展路途中的起伏与困难，2021年7月，南京市名校长、六合区实验高级中学校长陆敏兼任程桥高中校长。陆敏校长用责任担

> 交代历史背景，让新闻稿更有阅读的张力。

当带领全校师生迎难而上，勇敢地挑起了创建江苏省四星级高中的重任。放在全省的坐标中，一所农村高中的"四星"之路无疑是一种"逆袭"之途。陆敏校长以思的追根究底分析现状，用想的超凡脱俗擘画未来，全力在现实中发现可能，适时把可能转变为现实。

> 这儿是核心经验的提炼。

校长的领导首先是教育思想的领导、业务上的指导，其次才是行政的领导。被同仁与专家赞誉为思想型校长的陆敏用"思想"统率创建工作：一是理清思路做好规划，二是选准项目形成抓手，三是创造条件补齐短板，四是过程管理层层推进。校党政领导班子和全校教职工以不惧挑战的勇气和强烈的责任感，投入"四星"高中的创建之中。

以"学校荣辱，我的责任"为主题的创建"四星"讨论活动有力地激发了全校师生追求荣誉、奋发向上的热情；"用努力学习的成绩为创建'四星'添砖加瓦"成为同学们的自觉行动。教师们更是努力工作，誓用"上好每一堂课、对每一个学生负责"的工作业绩为创建"四星"提供有力支撑。"东风为我而来"，创建顺利推进，政府的投入强度明显增加：新建教学楼漂亮气派，老旧建筑整修一新，校内青铜文化遗址妥善保护并成为学校一景，校园环境更加优美……程桥高中借"四星"创建的东风，学校面貌焕然一新！

> "东风为我而来"表达具有美感。

> 特色打造之呈现，工作亮点的发现。

"水上运动""劳动课程"基地初见成效

以项目化特色打造带动学校发展水平的全面提升是程桥高中的一种工作方式的创新。2022年2月，程桥高中和南京市水上运动学校签订战略合作协议。程桥高中地理位置得天独厚，依滁河而建，枕水傍水。南京市水上运动学校将利用自身的专业优势、师资力量优势，帮助程桥高中打造特色水上运动项目，进而逐步形成程桥高中的显著特色，提升学校的知名度和美誉度。目前，这项工作已初见成效。程桥高中作为南京市首批十所体育美育浸润课程基地牵头的学校，在可以预见的未来，将通过水上运动项目形成区域化的影响力和辐射力。

"滁畔"劳动教育课程基地是程桥高中的又一张名片，该基地同样是市一级的批准项目。校园内专门辟出一块地，用以果蔬为主的科学种植试验，不但可培养学生热爱生活、热爱劳动、热爱自然的情感，磨炼学生的意志，还能让学生学习到许多农业科学知识。很多学生把学习到的科学种植的知识直接带到了农村，为乡村振兴、农民致富贡献出了自己的一份力量。

以"两个基地"的项目化实施为抓手，程桥高中的特色化发展带动、促进了素质教育的全面实施。健康、阳光、向上，是程桥高中学生的普遍精神风貌；礼貌、勤劳、感恩，是程桥高中学生的标志性形象。学生都懂得父母劳动不易，努力学习实为本分的道理，程桥高中的劳动教育及劳动实践基地带来的多重教育价值是新时代学校高质量发展的重要标志。

遵循教育规律，保障教学质量

以陆敏校长为首的学校领导班子自觉担起振兴县域高中的历史重任。无须讳言，在区域化调整与城镇化建设的进程中，县域高中总会遇到发展瓶颈，程桥高中也不例外。办人民满意的教育、办家门口的好学校，教育质量是第一要务和根本保障。他们以创建"四星"高中为契机，按教育规律"三课协同"抓教学。

一是抓课堂。学校提出"向45分钟要效益""上

旁注：

暗合呼应国家的教育政策与办学导向。

写深度报道也要有归纳总结。

落实落地的教育举措是有效的信息传递。

好课才是真正地落实双减"的主张。"有序、有效、有机"的新型课堂教学正逐步显现其效果。近年来，校内的优质课率大幅度提高，有力地推动了"双减"工作的落实，这也是程桥高中创新工作举措的水到渠成。

二是抓课程。如果说国家课程的校本化实现主要在课堂，那么，校本课程实施的舞台则主要在课外。以"劳动教育"为主旨的德育校本课程同样发挥了"立德树人"的强大功能。程桥高中的德育课程，显著特征有三：一是新，即符合学校学生实际的针对性强、时代感强，材料很鲜活；二是实，即尽可能脱虚向实，尽可能生活化；三是活，即课程内容灵活，做到学以致用、用以致识、识以致变。变是一种高层次的深度课程学习。

> 注重语气的活泼、鲜明与生动。

三是抓课题。程桥高中的课题特点是大、中、小结合，除了学校层面上的课题，大部分一线教师都会有自己的研究角度及相应的研究内容：如语文教师的"以写促读与以写优读"研究，数学教师的"化繁为简说变式"研究，班主任工作的"思想引导、心理疏导、方法辅导之'三导'"研究等。

> "三导""三课"的逻辑建构，学校的发展经验令人印象深刻。

"三课协同"保障了教学质量，也促进了教师的专业发展。程桥高中虽然地处农村，相对偏僻，但近三年教师发表获奖的论文就有252篇，学校有80%以上的教师参与课题研究。目前省级以上课题有8项，市级课题有41项，区级校本课题有199项。焦彦平、陈雪获评为南京市学科带头人，陈雪、尹美玲、郭茜获评为南京市优秀青年教师，邵志成、李春兰等多人获评为六合区学科带头人，张春娥获南京市先进教育工作者的荣誉称号……程桥高中致力于打造一支高素质教师队伍，为学校高质量发展提供支撑。

> 用数字说话，增强说服力。

2021年至2022年，程桥高中"把更多的农村孩子送进理想的大学"的工作目标得到了全面体现和更好实现。学校的高考成绩逐年提升，本科上线率在同类学校中名列前茅，学校连续多年获得南京市普通高中绩效评估最高奖——综合奖。

由出发而到达，成功是永远的进行时

> 这个小标题富有哲理，也生动。

一所农村高中进入省"四星级"高中行列，也就意味着程桥高中已行走于许多普通高中的前列。由出发而到达，成功也许是永远的进行时态。未来的程桥高中将在"十四五"规划的擘画下，前瞻共同愿景，形成群体自觉，凝练奋进向上的精神文化，挖掘底蕴丰厚的环境文化，践行并完善现代与传统交替融合的时代文化建构。自此，程桥中学又将翻开新的一页，展现出更有生机、更有活力的高品质现代化高中的魅力！

我作为这篇新闻报道的撰稿参与者，深感学校对校园新闻宣传的重视，更感受到好的新闻宣传对学校发展的推动作用。事实上，这篇报道不但是对学校现有发展经验的凝练总结，更昭示了学校未来的发展方向。同时，该报道经主流媒体传播，不但提升了学校的美誉度，而且鼓舞了全校师生，它产生的精神力量必将转化为文化资源，对学校的发展起到长远的影响。

评优材料之"优"

先进个人、先进集体、先进单位……有名额还要报材料，形成的文本也叫评优材料。

2022年全国教书育人楷模候选人公布后，大家都非常关注。公布候选人名单有点像"提名奖"，就算是"提名"也很不容易。江苏作为教育大省，在确定了（候选人）上报对象后，上报材料的撰写任务落到了我的身上。怎样才能保证材料的质量呢？行文过程中常见的问题如：材料使用不当，立意站位不高，信息传递顾此失彼，句与句之间的逻辑关联度较差，更有甚者是文不从字不顺，有较多的语法逻辑问题……当然，我在撰写的过程中力求避免这些问题。

评优材料的撰写，第一要务还是要遵循写作规律，材料中提供的所有内容要尽可能地符合评选条件，类似于高考作文中的"切题"；第二要有角度、有立意，评优材料应该拟一个标题，从标题上便可看出材料的立意和观点。

有一则评优材料虽然有标题"不忘初心，其心飞扬"，但用词过于宏大，过于抒情，不符合要求，可改为"用信念和担当书写新时代教育诗篇"。两个标题的区别在哪里呢？重拟的标题具体而聚焦，"书写"这个动词用得也很好；"教育诗篇"是一个形象化用语，它作为"书写"的宾语，传递了信息，也建立了观点；"新时代"作为定语，鲜亮绚丽，也是人物优秀事迹的背景支撑。

有一个好的标题，还得有好的开头。开头常见的问题是材料的罗列，累赘而不得要领。开头要善用概括性语言，如：××同志从事教育工作×年，他用爱与奉献书写着自己的人生日记。特别是××年任校长以来，他擘画愿景，履行职责，担当作为，为学校的高质量发展作出了突出贡献。他先后获得了……

评优材料的"硬核"内容当然在正文。正文部分的内容很容易犯"眉毛胡子一把抓""汤汤水水一锅煮""言之无形不分类""似是而非不精准"的毛病。如"重视课程改革""转变育人观念""注重提高学习"……这些是一位"优秀校长"评优材料中的几个小标题。这些几近教育行政部门政策层面上的顶层设计用语,放在先进人物申报材料中,显得突兀而少有针对性。

重新设计拟定的文章结构及小标题为:

1. 为党育人、为国育才——办人民满意的教育有担当。

先进人物为校长,"担当"一词既广大也精微。

2. 创新思路、创新举措——打造高品质教育形象有本领。

有担当也有能力,与第一点在逻辑上勾连得十分紧密。

3. 防疫战"疫"、冲锋在前——共克时艰有信念。

一是联系当下,材料鲜活;二是所写人物叫李在峰,巧用谐音,较为生动。

4. 党建引领、率先垂范——善于团结有力量。

东西南北中、党政军民学,党是领导一切的。第四个部分与以上三个方面层层递进,各个小标题在语言上也显得非常整齐。

四个小标题四个方面,第一点是教育总目标,第二点是具体任务,第三点是特殊时期的特殊工作,要多用特写镜头,第四点是对第一点的呼应。

还有一种评优材料属于集体荣誉。某区教育局撰写上报的"人民满意的公务员集体"评选材料,第一稿写得不符合要求。问题在哪里呢?主要是角度和立足点有偏差,没有对着申报材料的要求写。我们看原稿中的几个小标题:

1. 教育现代化建设水平保持全省领先。

2. 教育质量水平保持全省领先。

3. 师资力量保持全省领先。

4. 学生素质教育成就保持全省领先。

5. 各种先进表彰保持全省领先。

这份4000字左右的材料,有3000字罗列全区办学的成绩。这样写,行文的角度就不符合材料的要求。这份评优材料的重点应放在公务员群体是如何勤政为民、廉政为公,用创新促发展的优秀事迹介绍上。教育上取得的成绩的确是重要内容,但所有内容都要与优秀公务员队伍有密切的关联,也就是教师指导学生作文时讲的"对得准,扯得上"。下面是我修改(重拟)后形成的评优材料稿,我们仍然用旁批的方式作一点分析:

努力锻造一支适应新时代区域现代教育的公务员队伍
——南京市××区教育局事迹材料

> 标题既传递了核心信息,也形成了这一评优材料的核心观点。

近年来,××区教育局按照习近平总书记在全国组织工作会议上讲话的精神与要求,坚持对干部进行理想信念和为民服务的宗旨教育,大力倡导勤奋务实、清正廉洁的优良作风,着力强化敢于担当的责任意识,努力促进一支高素质公务员队伍的形成,并使之成为高质量区域化教育发展的重要支撑。实践证明,公务员队伍的群体优化,不仅对事业的发展,而且对干部自身的成长都具有不可替代的作用。

> "高素质公务员队伍的形成""公务员队伍的群体优化",一开始便切中该材料的主旨。

一、办人民满意教育的不变信念——区域化教育发展的成功实践

> 人民情怀,是优秀公务员的根本特质。

心为民所系,权为民所用。区教育局全体干部的不变信念就是办人民满意的教育。不变的信念,坚定的理想,迎来××区区域化教育发展的最好时期。它突出表现在以下三个方面:

一是教育现代化水平全省领先。

> 介绍教育成就也要用概括性语言,分几个方面清晰地表达。

作为江苏省政府评价区域教育整体发展水平的唯一指标,××区在江苏省教育现代化建设监测中连续两年位列全市第一,在江苏省亦处于领先地位。

二是教育质量推进水平走在前列。

2018年国家义务教育质量监测，××区获全省第一。在每两年一次的全省小学学业水平检测中，××区连续四次位居全市各区第一。在国家新课程标准实施及教育改革的过程中，××区着力学生综合学习能力的提高，中考成绩均分连续15年位居全市各区第一；高考文化类本一类达线人数最近三年均位居全市各区第一；连续四年囊括全市高中教学质量管理及提升的重大奖项。

三是师资队伍提升水平持续保持。

区教育局把师资队伍建设作为战略，精心部署并长期规划，从而使师资队伍的提升水平得以保持。局机关干部经常深入第一线，充分利用师资传统资源（斯霞精神）强化师风建设。同时，局机关干部从自身做起，开展向优秀教师学习活动。全区及全国劳模、国家教学名师、特级教师、人民教育家培养对象、市学科带头人、"万人计划"领军人才……这些代表省市教师发展水平的指标，其所占比例位列全市第一。

四是学生综合素质的发展指标始终领跑。

"十三五"以来，全区学校取得的各项素质教育的成果600余项，其中国际级荣誉3项，国家级荣誉93项，省级荣誉214项。师生个人发展成果4000余项的荣誉中，国际级荣誉13项，国家级及省级荣誉千余项。××教育取得的巨大成就，××教育呈现出来的生机勃勃的良好局面，是包括区教育局全体公务员在内的全区教育系统的同仁共同奋斗出来的。

二、促进教育公平的责任担当——为所有的孩子提供最适合的教育

国家大力推行教育公平，如何才能做到教育公平？

介绍教育行政部门的优秀公务员事迹之前，先讲一讲所在区域取得的教育发展成就。

写机关干部深入第一线，讲师德师风建设，局机关干部从自身做起等，都是为了给"优秀公务员队伍"提供论据。

丰硕教育成绩的取得自然与教育行政部门公务员的努力分不开。

××区着力从以下四个方面开展工作：

一是坚持立德树人之根本宗旨有方向。

区教育局组织干部认真学习领会党的十八大提出的"立德树人"的根本任务，把学生培养成人，培养成祖国需要的人，无论是国家还是家庭，这是最根本的教育公平。教育局在局机关开展人生观、世界观、价值观教育，就是为了使身为教育管理者的机关公务员首先要有"立德树人"的意识，从而保证学校教育沿着正确的方向前进。

> 促进教育公平，是人民情怀的最大表现，它与公务员自身的人生观、世界观、价值观密切相关。

二是共享优质教育资源有作为。

××区虽然处于城区核心地带，但由于城市的扩大，原来相当一部分城乡接合部甚至农村的学校也成了全区教育的组成部分。在区教育局领导的带领下，机关干部深入调研，写出报告，在此基础上制订出《××区新名校发展计划（2018年—2019年）》。区教育局不但从布局上，更重要的是在师资上，让优质教育资源优化配置，从而较快并顺利地实施了"新名校发展计划"。经过几年的努力，全区优质教育资源区域分布更合理，品质内涵更凸显，义务教育优质资源百分之百覆盖，让老百姓的孩子"在家门口就能上到好学校"的愿景提前实现。

> 这些措施与成绩的取得都离不开公务员队伍的努力。

三是共筑校园安全有保障。

2017年7月，××区被省教育厅、省公安厅授予"江苏省平安校园建设示范区"，区内一所学校还被评为全国消防先进单位。区教育局专门组织专家制订区中小学食堂膳食营养标准，专门开发了学生膳食营养智慧平台，确定后的菜单会自动推送到家长手机，让学生"吃得营养，吃出健康"。这种"想人民所想，解人民所难"

> 保障学校安全是教育主管部门的重要职责。

的教育服务，贴心接地气，其细节的周到受到群众的广泛赞誉。

四是"三课联动"高效教学保公平。

××区教育局把"三课"（课堂、课程、课题）联动，作为惠及普通百姓，促进内涵式教育公平的重要举措。

以江苏省基础教育前瞻性教学改革实验项目中的"作业管理"模型为引领，以提供更丰富的课程资源为载体，以课堂为主阵地，××区在切实减轻学生教育负担和大幅度提高教学质量上取得了显著的效果。××区教育的内"神"（质量）外"形"（口碑）已被社会普遍认可，这也被认为是教育公平目标的真正达成。

> 这儿的内容反映了该区的教育质量水平与教学改革的成绩，不可少，但只需概括地写。

近三年，××区教育部的重点课题有3项，占全市立项数75%，居全省第一。省教育规划科研课题73项，也居全省各区县第一。江苏省教育科学研究院权威评价表明：××区基础教育的课程改革及研究成果位居全省各区县第一。

三、勤政务实、廉洁奉献的作风锤炼——带动全区教育风清气正

××区教育局27名公务员团结进取，勤政务实。他们将目标"向我看，跟我干，办好人民满意的教育"化为行动。人人争先，个个好样，放得下身段，忍得了委屈，吃得了苦头。近五年来，××区教育局公务员队伍获国家级奖的有1人，获省级奖的有2人，获市级奖的有3人。群众满意度调查年年进步，屡获高分。公务员用奉献与担当，塑造了新时代人民公仆的形象。同时，其廉洁奉献的作风带动了全区教育系统风清气正氛围的形成——机关公务员与全区教师都在努力践行习近平总书记提出的"四有"好教师的要求。

> 这段内容特别重要，是直接彰显优秀公务员之所以优秀的重要依据。

四、努力锻造一支适应新时代现代化教育的公务员队伍

××区教育局良好的公务员群体形象是在长期的工作与思想的锤炼中逐步形成的,他们的具体做法主要表现在以下三个方面:

一是学习意识的强化。

从局领导到普通公务员,人人有学习计划,个个有学习笔记,定期有学习交流。通过学习"追求知识与美德",××区教育局公务员的素质不断提高。

二是制度的完善创新。

如分级分类考评制度,"时时记、公开晒、大家评"活动……通过考评及相应的评价机制的完善与创新,引导公务员努力工作,执政为民,多学本领,勇于担当。

三是公务员群体的文化自觉。

区教育局在管理公务员的过程中,既注重制度管理,也注重文化自觉的培育。从制度管理走向文化自觉,27名公务员在"办好人民满意的教育"这一共同价值取向的引领下,信念更加坚定,为民宗旨更加明确,勤政廉洁更加自觉,敢于担当更加果敢。这个优秀群体将继续按照习近平总书记提出的好干部"五条标准",戒骄戒躁,砥砺前行,再作贡献。

> 最后一部分总结性文字简洁而凝练,是重要的经验归纳,也是立意的升华,具有较高的政治站位和较深的思想含量。

经重大修改或者说经重拟的评优材料,观点更加明确了,重点更加突出了,针对性更强了,文字也更加简洁明了了,所写内容能够更有力地为"优秀公务员队伍"提供佐证材料,证明力明显增强。特别是标题的拟定,直击评优材料的核心要求,传递的是明确观点和有效信息。

怎样写教育调研报告

中央电视台有一个收视率比较高的"新闻调查"栏目，这个栏目往往取材于社会热点、难点、疑点问题，它容易"戳中"电视观众的兴奋点。比如说浙江宁波的一个村，过去农民主要靠收购、处理废旧轮胎赚钱，后果是水资源遭到了严重的污染。还有浙江的安吉县，农民取得收入的方式主要是开山炸石，好好的山林被弄得遍体鳞伤、面目全非。后来转变发展方式，河水清澈了，山体变绿了，生态恢复了，地方经济反而变强了，老百姓的生活一天比一天红火。中央电视台把浙江这两个地方的前后变化用"新闻调查"的方式呈现出来，与一般的新闻报道比，它属于社会热点，也属于一种深度报道。深度报道之材料支撑便是"调查"，记者通过自己的调查，又通过自己的思考充分分析调查所得的材料，这样的新闻报道不但内容丰富，可读性强，而且具有深刻细致的社会学分析特征。

"新闻调查"的调查带有很强的新闻性，就文体的大类型看，用得比较多的是调查报告、调研报告，或者叫考察报告。虽然叫法不同，但样式、功能、写法及目标实现，则有相当大的一致性。

怎样写教育调研报告，得先了解教育调研报告的几种类型：一是总结经验型，二是揭露问题型，三是综合情况型。

先说总结经验型。各级教研部门每年都会开展教学质量的调研，也许在教研中就能有所发现。如某学校的中考成绩特别好，特别是语文中考成绩，总是以压倒性优势在所在区域名列前茅。什么原因呢？这里面就有独特的经验。如海安市海陵中学，该校招生量大，生源质量一般，但该校的教学质量非常高，语文成绩尤其亮眼。有关方面一边开展调研，一边总结成功经验：第一，在语文学习经历中帮助学生化经历为语文，语文学习由被动接受到主动探究。第二，经历语文的具身化优势，让语文学习成为学生日常生活中的重要组成部分。第三，从经历语文到经历教育，学校因"经历教育"

促使并实现了学校的高品质建设和发展。

调研报告中的经验从哪里来，是从调查所得材料中提炼出来的。写好调研报告的前提，或者形成调研报告中的典型经验，需要有丰富的调查材料作为支撑。写调研报告的一个重要原则是典型经验与典型材料的有机统一。

近年来，许多享誉全国的典型教学经验都是在调研过程中被发现和挖掘的，如东北师范大学附属小学的"率性教学"经验，中国科学院附属玉泉小学的"学程研究"经验，潍坊市坊子区龙泉实验小学的"跨学科学习"经验，温州市第二十一中学的"基于大数据的个性学习"经验，西安市庆安初级中学的"思维型课堂"经验，长沙金海教育集团的"闪光课堂"经验，等等。

再说揭露问题型。如各级人民政协都会有一个教科文卫体委员会，政协具有监督及建言献策的职能，教育界的政协委员开展对校外培训机构的调研，这个调研选题的确定回应了社会的关切和家长的焦虑。写调研报告得先调研，调研前得先确定调研课题，调研课题的确定得有意义、有价值，能起到解决实际问题的作用。调研材料有了，真正动笔写，又得费一番心思。调研报告虽然有一定的格式（一般分为前言、正文、结语三个部分），按格式写当然不难，但揭露问题型调研报告撰写的关键是问题要抓得准，抓住问题还得分析问题，分析得中肯、透彻，最后还要提出解决问题的方法与对策（建言献策）。

最后说说综合情况型。如现在政府都设有专门的督导机构，督导机构的职能是督学、督政、质量监测。有一位督导干部很想在督学、督政、质量监测上有所建树、有所作为，我建议他对所在区域的教育问题作一个综合调研，题目就叫"南京市××区高质量教育体系建设的现状、可能与发展方向调研"。"建设高质量教育体系"，是党的十九届五中全会上提出来的，就这个问题开展调研，了解情况，形成思考，区域化教育发展的大方向和主要矛盾也就抓住了。既然是"教育体系"建设，在调研中要学会整体思考，整体思考的本身就有综合性地从高质量教育体系的角度去了解情况，督导工作督什么、导什么，工作思路和工作内容就会比较清楚。比如说，高质量教育体系的建立最重要的就是以人民为中心的理念，核心要义是高质量，目标达成是体系化。依据这样的认识，我们就能做到一督教育公平，二督质量保障，三督内涵提升。相随于"三督"，我们还能做到"三导"：一是引导学校落实立德树人的任务，二是引导教师践行教书育人的职责，三是引导学生主动全面发展。

毛泽东说过，没有调查就没有发言权。调查研究是一种重要的工作方法，是提高工作水平、增强工作决策的科学性和有效性最切实的途径。每一次调研报告的文本呈现，其重要性和难度不亚于调研的过程。

总结经验型、揭露问题型、综合情况型三类调研报告有区别也有联系，它们之间也许你中有我，我中有你，行文过程中有相当大的弹性，表达方式上，执笔者也会有一些自由度。

对初学者，我们不妨记住写好调研报告的三个"三"：

第一个"三"主要指的是开头部分：一是交代调研缘由，二是交代时间与地域，三是描述目标指向。

第二个"三"是主体，也是核心。内容比较多，包括调研对象的具体情况、发现的主要问题、问题分析、教训或主要经验等。如何把这些内容清晰地呈现出来呢？

一是言之有序结构化。或横式，即按照几条经验、几个观点来组织材料，加上序号和小标题；或纵式，即按照事情发生、事物发展的先后顺序来组织材料，来龙去脉一目了然；或综合式，即纵横结构交错。综合式结构有利于行文过程中夹叙夹议，增强调研报告内容的丰富性和问题分析的透彻性。

二是言之有物具体化。经验或观点要以具体的材料为支撑，材料要客观、正确，要么是自己直接调查所得，引用则要求来源清晰准确。同时要注意，材料的具体与细节的生动并不冲突。

三是言之有理逻辑化。观点与材料要高度统一。各个小标题之间要注意逻辑关系（是并立还是从属），逻辑上不能乱，这是言之有理的关键。

调研报告一般是先讲成绩和经验，二讲问题与不足，三讲办法和对策。

也有人把办法和对策当作结束语。调研报告的"办法与对策",或者说"建议与对策"部分很重要。我们讲写调研报告的第三个"三",并非指主体内容的三个部分,而是指"建议与对策"部分的三个注意点:一是针对性强,能管用;二是前瞻性强,能长远;三是操作性强,能落地。

写好调研报告,十分有利于学校教科研工作的开展。获基础教育国家级优秀教学成果奖的文本《提升中小学作业设计质量的实践研究》,就是基于不同层面上的调研报告形成的,调研工作和调研报告是形成这项优秀成果最重要的环节之一。能够形成优质的教育调研报告,也是学校教科研工作上层次的重要一环。

概括与定义

高考现代文阅读试题中有一类题型就叫"简要概括全文的主要内容"。这个"简要概括"的要求，其实很不简单。下面是我对著名哲学家贺麟的《读书方法与思想方法》一文的概括：

著名哲学家贺麟从三个方面阐述读书做学问的思想方法。

一是逻辑方法。逻辑方法教会你从普遍性中发现规律，从规律中看到本质。

二是体验方法。有一句话说得好："让我参与其中，我会学会。"参与即体验。也正如毛泽东所说："你要知道梨子的滋味，你就得变革梨子，亲口吃一吃。"体验让你内心存真意，出言必适切。

三是玄思方法。读书做学问，只见树木不见森林不好，那只见森林而不见树木又如何呢？钱锺书认为这样的人也读不好书，做不成学问。该文的观点同样如此：这两者缺一不可。

作者从哲学的角度谈读书、做学问的思想方法，分门别类，清晰阐述，把深奥的哲学思想化为深入浅出的读书方法。

广义的教育文稿，也可包括教师的备课、说课，包括语文教师对文本的解读。对一篇文章作出恰当的评价，这是语文教师上课都会碰到的。对一篇文章的评析，即文本解读，它的基本功也是概括与定义。对一篇文章作出概括性评价不容易，对一本书作概括的难度则更大一些。

以大家熟悉的《老人与海》为例，要对全书的故事情节作概括，这种概括是叙事性的，一般不涉及定义，可对全书的主要情节作以下概括：

老人圣地亚哥出海捕鱼，连续八十四天一无所获，唯一陪伴老人的小男孩马诺林也在第四十天搭另一条渔船离开了他，但老人始终满怀希望。老人第八十五天驶向更深更远的水域打鱼，幸运不期而至，一条大马林鱼终于上钩，鱼比船身还长。大马林鱼吞进了鱼钩，老人拉住钓鱼线，手上勒出了道道血痕。老人与大鱼僵持着、搏斗着。老人想起了多年前与一个黑人掰手腕,一天一夜未分出胜负的情景:"打赌者"建议以平手结束,就在这时,老人最后一次努力,终于迫使对方的腕子向下低去……老人回到眼前,庞大的大马林鱼拖着船往海里走,老人死拖着不放,即使没有淡水,没有食物,没有武器,没有帮手,老人也不灰心。经过两天两夜,老人终于制服了大鱼,并把它拴在船边。

但事情远远没有结束,制服了大鱼,又招来了鲨鱼。凶猛的鲨鱼抢夺老人的战利品,把大鱼吃得只剩下一副骨架,精疲力竭的老人只拖回了一副鱼骨头……

另一类概括是带有评价性的表达方式,主要是议论,有的会用夹叙夹议的方式,如对《老人与海》思想内容的概括:

一为勇敢面对的奋斗精神。

八十四天打不到鱼,与大鱼耐力的比拼,勇敢地击杀了大鱼,这些都是具有象征意义的生命力量,它给人更多的是正面的激励。

二为相信明天的诗意情怀。

大海本身就是一种隐喻与象征,正如一首歌所唱的那样:"你赤手空拳来到人世间,为找到那片海不顾一切。"这海是老人拼搏的对象,也是相互依存的伙伴,海在老人的心中有危险,更有温情。老人把海看作一个仁慈的、美丽的女子,把鸟、鱼、海风看作自己的朋友,这些都表明老人丰富的情感和诗意般的胸怀。老人始终向往真诚的友谊与美好的事物,而小男孩将再次陪老人出海,这样的结局是《老人与海》的"诗和远方",是希望之象征。

概括思想内容的同时,还可以概括艺术特色,或者叫审美价值,如白描手法的运用,简洁之美,悲剧色彩,隐喻与象征等。

思想内容的概括往往与定义相生、相伴、相随。

我经常应邀为好友写的书作序,写序言就要先概括一下这是一本什么样的书。如我为苏州大学的一本书《创新驱动进行时》写序言,开头一句:"《创新驱动进行时》是对苏州市践行新发展理念(创新、协调、绿色、开放、共享),实现以科技创新引领城市转型发展的图景式展示。"

概括的语言格式一般是"什么是什么",这样的语言格式又有点像下定义。下定义难度比较大,也是层次比较高的一种表达。下定义考验的是一个人的语言建构力,更考验思想水平与哲学思维。

教育工作者讲得最多的就是素质教育,我在开展讲座时多次问过听课的教师或校长:"什么叫素质呢?"听得最多的回答就是"各方面都表现得比较优秀",还有的会说"能力和各方面的条件都比较好"。这样的回答错了吗?不能说一定错,但不是一个确切的定义。还有,素质这个词是中性的,本身没有立场。

那么,素质究竟应该如何定义呢?要想准确回答,需要追根究底式地去分析、抽丝剥茧式地去界定——首先想一想,素质优良有什么用?一为了生存,二为了发展。素质与先天条件有关系,有听力障碍的孩子自然缺少学音乐的条件。所谓素质,具有一定的稳定性,一般不会去评价幼儿的素质如何,长大了,成熟了,稳定了,素质的模样就出来了。

素质的全面性包括身体、心理和文化三个方面。

经过以上分析,我们便有条件为"素质"下一个相对标准的定义了:素质是一个人在社会上生存和发展的基本要素,是以先天禀赋为基础,在后天的环境作用下逐步形成的内在的、相对稳定的身心组织结构及其质量水平,它包括身体素质、心理素质和社会文化素质等几个方面。

再比如,美也是我们经常挂在嘴边上的词。那么,什么是美呢?这朵花是美的,这只手表是美的,这个小挂件、这把小折扇也是美的,但这不是美的定义,它们是美的东西,但美的东西并不等于美。那么,什么才是美呢?美是美的东西之所以美的根本特质和普遍规律。这便是比较标准的定义了。下定义的难处就在于抽象与概括。再举个例子,文化这个词,谁也不陌生。文化是什么呢?要用定义来回答。有人说中国的节日就是文化,也有人说苏州的刺绣是文化,中国的豆腐也是文化,但这都不是文化的定义。英国人类学家爱德华·泰勒对文化一词的定义流传较广,他说:"文化是包括知识、信仰、艺术、道德、法律、风俗,以及作为一名社会成员而获得的能力和习惯的复杂整体。"

在教育科研工作中，研究成果的精确表达，往往决定于概念的界定及阐述，这就需要下定义。下定义常常借助于判断句，用判断句下定义则少不了对事物本质的认定及相应的逻辑建构。我在工作中经常遇到这样的情形：有些很优秀的教师，总结自己二三十年的教学经验，也有了自己的教学主张及相应的概念，最终想写一本书。可为自己的教学主张及相应的概念下一个定义，似乎成了"拦路虎"。比如有一所幼儿园长期践行节日课程文化，那么，就需要回答什么是幼儿园的节日课程文化，几经讨论，形成如下定义及界定：

幼儿园节日课程文化就是根据中华优秀传统文化创造性转化、创新性发展原则，着力构建"传统节日、社会节日、固定节日"三位一体的节日课程体系。亦以孩子天性为根本遵循，通过"教育目标主题化，节日课程创意化，课程设施结构化，管理实施生态化"之路径创新，呈现节日课程整体样貌，形成节日课程文化样态，实现节日课程可供学习借鉴的高品质样本，并转化为全体教师课程能力建设的高度行为自觉。

有一位非常优秀的语文特级教师，他通过长期教学实践形成的语文教学思想叫"学文育人"。这个概念要给它一个界定，给它某种解读与定义。原有的定义与解读为："学文育人即彰显学生主体地位，在语文教育实践中培养学生必备品格、关键能力。"这句话本身并没有错，但缺少科学界定，也就是说不太符合定义的要求，解读不到位、不确切。修改过的定义与界定为：

以培养学生全面素质和综合能力为目标，学文育人指向语文核心素养，着力课程育人与学科育人的呼应对接和自然融合，实现工具性与人文性的有机统一和高度集成。学文育人，是文以载道、以文化人的传统继承，是"培根铸魂、启智增慧"的课堂践行，是文化浸润、立德树人的时代响应。学文育人，充分彰显了作为语文学科"为党育人，为国育才"的独特优势和内在规律。

表述上有什么不一样，可对比分析后得出自己的结论。

准确、鲜明、生动——题好一半文

"题目好,文章就成功一半了。"这是写作学习中大家耳熟能详的一句话。对于教育文稿,特别是一些项目类、成果申报类文稿的题目,就不仅仅是"题好一半文"了,而是"题不好就没下文"了——若是题目起得不好,往往就直接被否定淘汰了。由此可见,题目的高下在某些时候会对文稿"结局的好坏"起决定性作用。

什么是好题目,什么是不好的题目,不好一概而论,也难有绝对评判标准。比如江苏省"四有"好教师团队项目申报,这个项目分省一级的、市一级的、区县(包括县级市)一级的。徐州市的三十多所学校的负责人集中培训,相关部门让我辅导一下怎样按照要求写好文本。培训讲座开始前,一位校长让我看看他们学校的"四有"好教师团队项目申报的文本,项目的题目叫"'博雅'好教师团队"。这个题目本身没有什么错,博雅这个词也非常契合教师的身份,但是这个词容易雷同。果然,三十多所学校的申报标题中有七所学校用了"博雅"。如南京大学金陵小学也想到了"博雅",但他们还想到了博爱、博学,这些词与怎样成为好教师都有关联,都很有意义。南京大学金陵小学的教师们把三个"博"并立,就叫"博雅、博学、博爱",起名为"'三博'好教师团队"。这个题目一是简洁,二是容易引发兴趣,三是解读空间大、创新点多,四是形成独特的逻辑关系、不容易雷同。这个题目得到了所有专家的好评,因此南京大学金陵小学的这个申报项目顺利入选。

项目申报中,题目的作用竟如此之大!除了项目申报,标题在其他文稿中的作用也不容小觑。就说发言稿吧。当校长的经常会有会议发言的任务,校长都希望发言效果好,更希望能够脱颖而出,怎样做到?如何实现?首先要考虑的,便是为发言稿拟一个好题目。

教育部门专门召开研讨会,主题是"后疫情时代地方高校发展挑战与机遇"。一位校长把他写好的发言稿给我看，我说正文内容丰富，但得把题目修改一下。原来的题目为"迎难而上，迎接挑战"，副标题为"后疫情时代学校改革与发展"。这个标题看起来气势宏大，其实等于什么也没说，是典型的口号式标题、空泛抒情式标题，几乎所有地方都能用，但也都无用。我建议校长把标题改为"识变育新机、应变开新局、求变新举措"，再加一个副标题"后疫情时代的机遇与挑战"。修改后的标题与原标题的区别就在于思路、思维、思想的不同。修改后的标题里包含着工作的思路，体现出了语言的思维精度，彰显出思考的水准。而精准识变、科学应变、主动求变也是一种面对世界百年未有之大变局的国家战略，呼应国家战略，做好学校工作不仅仅是题中应有之义，而且体现出较高的政治站位。

想起二十多年前我在盱眙县马坝中学为高二年级学生讲课，阶梯教室的墙上挂了多幅各级领导的题词，题词内容有"加强素质教育，推动教育改革""马坝中学走向更大的辉煌"等。也不是说这些内容不好，但针对性不强。我现场提问："同学们抬头看看墙上的题词，你认为哪一幅的内容最有水平呢？"一名同学回答："我认为这一幅的内容最有水平——苏北农村中学的排头兵。"这名同学念过以后，我又让所有同学注意一下题词下的落款署名——赵朴初。赵朴初是著名的佛学家、书法家、社会活动家，曾任中国佛教协会的会长。他的题词看似简单，但精准度高，逻辑性强。"苏北"指出了地域范围；"农村"指出了地域属性，是农村，不是城市；"排头兵"给出了一个确切的评价，就是一流的意思。"苏北农村中学的排头兵"完全可以作为一篇新闻通讯或者说新闻特写的标题（此时还可以加一个副标题"记盱眙县马坝中学"）。这也从另一个侧面强调了标题对于文章的重要性。

著名散文家、统编本中小学语文教材总顾问梁衡写过一篇文章《文章大家毛泽东》。毛泽东很会写文章，同时他又特别重视拟标题。1958年1月15日，毛泽东同胡乔木、吴冷西谈话："你们办报的不但要会写文章，而且要选好题目，吸引人看你的文章。"新闻也要有醒目的标题。毛泽东曾亲手修改过许多新闻标题，如1944年10月1日《解放日报》社论，原稿的题目是"新四军胜利出击"，毛泽东改为"新四军的胜利出击与中国的救国事业"。修改过的标题不但传递了信息，而且点出了意义。再如新华社纪念建军22周年的文章，原稿的题目是"纪念中国人民解放军的创建"，毛泽东修改后的标题为"我们是能够克服困难的——纪念中国人民解放军的二十二周年"。修改后的标题传递出了作者的观点，增强了感召力。

另一种情况是经修改后的标题概括性更强，也更加响亮。

毛泽东于1940年在陕甘宁边区文化协会第一次代表大会上发表了长篇演讲，题目是"新民主主义的政治与新民主主义的文化"，之后在《解放》上刊载时，题目改为《新民主主义论》，简洁明了，内涵更加丰富了。

毛泽东拟标题还讲究准确、生动、鲜明。1944年8月15日，毛泽东在《解放日报》上发表了一篇文章，原题为"欢迎美军观察组"，修改后的标题为"欢迎美军观察组的战友们"，修改后的标题有了温度，也平添了生动。像毛泽东写的文章，如《别了，司徒雷登》《丢掉幻想，准备斗争》《"友谊"，还是侵略？》等，标题都特别准确鲜明，生动有力。

我们再看毛泽东对一篇文章的标题修改，原题为"大泉山怎样由荒凉的土山成为绿树成荫、花果满山"，修改后的标题是"看，大泉山变了样子！"，生动活泼了许多。

毛泽东在《工作方法六十条（草案）》中指出："文章和文件都应当具有这样三种性质：准确性、鲜明性、生动性。"标题更应该做到这三点。

写校歌

南京大学的校歌产生于1916年，由南京高等师范学校首任校长江谦作词，李叔同谱曲。南京高等师范学校为南京大学的前身，2000年后，当年南京高等师范学校的校歌被确定为南京大学的校歌。

显然，重新被确定的校歌彰显的是一所东方名校的历史传承。校歌作为一种文化的标识、文化的基因，对学校的人才培养和创新发展起到不可替代的作用。近几年来，学校都重视文化建设，有的校长认为一首好的校歌可以成为学校强大的精神鼓舞力量，能够丰富学校文化的内涵，推动学校文化的建设与发展，因此常有学校找我修改校歌的歌词或写歌词。

写校歌也是一种文学艺术的创作，写歌词可看作诗歌创作，谱曲则是音乐创作。古代的一些诗歌本来就是可以唱的，唐代就非常流行唱诗。历史上有一个著名的"旗亭画壁"的故事，说的是唐代的三位大诗人王之涣、高适、王昌龄聚会，有歌女歌唱助兴，她们唱的都是诗人写的诗。所以我们也可以这样说：一个好的歌词作者，也一定是一个好的诗人。

著名词作家阎肃就创作过不少优秀的诗作，如哲理诗《昨天、今天、明天》等。阎肃在写《西游记》主题曲《敢问路在何方》的歌词时，在房间里来回踱步很长时间，终于产生了灵感：路在哪里？不就在脚下吗？于是，一首经典歌曲就这样产生了，历久不衰。

回到为学校写校歌歌词，这件事的困难在哪里？要有角度、有立意、有逻辑思路，一点也不比写文章简单。接下来就要想歌词的节奏、押韵要朗朗上口，还要通俗易懂、好唱易记。这些做到了，还要考虑学校的特点、风格，以及文化的建构与追求。以《阳光少年歌》为例，这是我应学校之邀，专门为南京的一所小学写的校歌。如何下手？我想到南京大学校歌里的歌词："大哉一诚天下动，如鼎三足兮，曰知、曰仁、曰勇……"这不就是德智体全面发展吗？于是，我就确定："阳光少年"的形象一要有温暖的心，这是德的范畴；二要有智慧的脑，这是学业的范畴；三要有康健的体，这是体育的范畴。歌中阳光少年的形象是对"立德树人"育人任务的践行。接下来要表现的便是学校的地域特征（"长江边，劳山旁"）及学校武术操特色等。这首校歌的歌词是这样的：

阳光少年真可爱，

爱国爱校爱家乡，

敬师长，孝父母，

　诚信又善良。

阳光少年很智慧，

慧眼慧心会动脑，

勤学早，学业好，

　聪明呱呱叫。

阳光少年多豪迈，

迈步昂首向太阳，

武术操，竞赛场，

　体健又开朗。

阳光少年最阳光，

珠江小学新希望，

长江长，劳山旁，

文武双全敢担当。

　　写歌词要有立意，内容要有教育性、鼓励性，还要讲究一点技巧，如押韵、巧用顶真、卒章显志等。这也更清楚地表明，写歌词，既要符合写文章的要求，也要有远超一般文章要求的艺术形式追求。

　　有一类校歌很常见，那就是空泛抒情的口号式，如"家国情怀，胸怀天下，春风化雨，蓬勃向上，豪情飞扬，张开翅膀，快乐飞翔"，更不符合要求的是，看不出其中的逻辑关系和构思的线索。至于说形象、意象、层层递进的思想，就更缺乏了。

下面是无锡积余实验学校为建校120周年创作的校歌歌词。我们先看第一稿：

    惠山麓，

    运河畔，

    龙湖滨，

    八段米氏积余堂，

    仁厚之土播善心，

    勤勉有为办学舍，

    诚实守信铸德行，

    恒德立志展宏图。

    积学问，

    余民思，

    成雅性，

    修善成德固本心，

    学思成智辨真意，

    恭敬成明入圣境，

    君子九思笃鸿志，

    百年孕育大国民。

这一创作从立意上强调了求学问要积大德，这是对的。用词有文言色彩、古风味道，这些特点是因为创作者考虑到该校120年的历史。开头的构思也是好的，点出了地域特点。但有些音乐专业人员认为歌词有点拗口，会给谱曲者和歌唱者带来难度；有的语文老师认为，整首歌词结构不太明显，也要写出一点江南特有的意境。怎样修改呢？我在构思时主要考虑三点：一是通过结构化章节展现悠久的办学历史，展现现有的办学水平，展现未来的目标愿景；二是追求朗朗上口；三是形成层层递进。修改后的歌词是这样的：

运河旁，

积余堂，

百年书声琅。

先贤积善立黉门，

世纪成辉煌。

惠山美，

太湖水，

梦想花盛开，

人人尧舜大舞台，

校园共精彩。

波渺渺，

柳依依，

风雨江南意，

仰观俯察天地人，

吾辈踏征程。

第一段回望积余学校的昨天，初心不忘来时路，百年穿越；第二段展现积余学校的今天，人人成才大舞台，立德树人；第三段遥想积余学校的明天，诗和远方光明路，走向未来。

下面是我写的南京市金陵小学的校歌歌词：

为金陵小学创建十周年而歌

（一）

新绿一重重，花儿点点红。

十载风雨立黉门，桃李话春风。

（二）

桃李话春风，祖国在心中，

学得本领敢担当，云天冲飞鸿。

(三)

云天冲飞鸿，世界的儿童，

行走世界新未来，远方向无穷。

(四)

远方向无穷，理想的天空。

美人之美金小人，携手共大同。

此校歌的构思如下：

1. 为南京市金陵小学建校十周年而写。

2. 立意方向：培养"有理想、有本领、有担当的时代新人"。

3. 呼应南京市金陵小学"世界的儿童"的办学理念。

4. 彰显南京市金陵小学"美美与共、和谐发展"的文化内涵。

5. 用顶真与一韵到底的方法，朗朗上口、好记。

6. 化用费孝通"各美其美，美人之美，美美与共，天下大同"之名言。

站稳课堂＋写好文章＝教师专业发展

"站稳课堂＋写好文章＝教师专业发展"是著名语文特级教师孙汉洲任南京市第二十九中学的校长时提出来的。多少研究教师专业发展的长篇大论似乎都抵不上这一句简单的口号，它用最少的语言揭示了教师职业能力提高过程中最基本也是最能见到成效的路径。

有一种说法是"×××老师只会写写文章，教书是不行的"，或者说"×××老师文章很多，教学效果却不好"。这样的现象作为个别案例也许会有，但把上课与写作、教学能力与写作能力对立起来的观点在逻辑上是不成立的，实际情形更并非如此。

我的老师邱学华，虽说是老师，其实他只为我们当年那个"师训班"上过一节课，就是这个"一节课老师"让我印象深刻，几十年过去了，我都不曾忘记那节课的精彩内容。三十年后，我在《江苏教育》上看到他写的文章，原来他的"尝试教学法"获得了国家基础教育教学成果一等奖。我认真阅读邱学华老师的文章，工整清晰的逻辑架构、流畅的语言表达、生动活泼的叙事方式……邱老师当年为我们上课的情景自然涌进了我的大脑——问题导向的"问道"激发，一个角度的切入，从"闻道"到"悟道"的逻辑递进，不时地打比方说理……听邱老师的课一是听得懂，二是喜欢听，让学生听得懂离不开严谨清晰，让学生喜欢听离不开生动形象。从这个角度看，上好一堂课与写好一篇文章在道理上是完全相通的，那就是都要遵循语文专业，也可以说都要遵循写作专业的三原则：逻辑、语法、修辞。

先讲逻辑。上课、写文章都得讲顺序，这叫言之有序；都得讲论证与推理，这叫言之有理；都得对内容作出正确的分类并形成一定的架构，这叫言之有形。从本质上追问，逻辑主要是解决对不对的问题，逻辑不好的文章与不讲逻辑的课堂同样的糟糕。逻辑不好，或不讲逻辑，那就不对了，整体上就出错了，失败就无可避免。

再讲语法。著名现代文学研究专家、南京大学教授王彬彬写过一篇文章《文从字顺是基本要求——谈谈我们身边的语文问题》。这篇五千字左右的文章在《人民日报》上刊登出来以后,引起了教育界很多人的关注。该文的一个基本观点是:如果一篇学术论文,或者说一部学术著作,不能做到"文从字顺",那学术本身也就不存在了。王彬彬教授为什么要写这篇文章,《人民日报》为什么会用较大篇幅刊登这篇文章,就是因为相当多的学术论文、学术著作没有达到文从字顺的基本要求。

说"文从字顺"是基本要求,但它的确又很难达到。这个悖论如何克服?怎样消除?有必要专门学一些语法,但最重要的还是平日里语感的培养。

语感自我培育的重要途径就是读书。有人说,自己没少读书,但还是不会写,为什么?关于这个问题,没人会有标准答案。一个听得最多的"指点",也是一个老而又老的道理,就是多读书,流传甚广的是杜甫《奉赠韦左丞丈二十二韵》诗中的"读书破万卷,下笔如有神"。当然,作为诗句,它较为夸张。多读书当然没有错,而南宋哲学家朱熹的读书主张是"贵专而不贵博",现代美学家朱光潜则认为读书贵在"读得彻底",语文教育大家叶圣陶也有同样的观点:"读书读了忘了,读得再多并无多少意义。"当然,从古代的朱熹到当代的朱光潜、叶圣陶,不是他们不提倡多读书,他们所倡导的是读书贵在真正地理解和灵活地运用。如果从语感培育的角度,读书还得识记、吟诵、背诵。

良好的语感是教师职业能力的基本要求,但又是很高的要求。上课的语感与文章的语感相辅相成,它们本质上是一致的。

培育语感离不开写作实践。"纸上得来终觉浅,绝知此事要躬行。"这说的是实践的重要性。有写作研究者作过统计性研究,如果一个人的练笔字数超40万,这个人的语感便能基本形成,上课、写作,便能水到渠成。

最后讲修辞。如果说逻辑是解决对不对的问题,语法是解决通不通的问题,那么修辞就是解决好不好的问题。文章要有可读性,讲课要有可听性,可读与可听,都需要生动形象、机智幽默,修辞便不可或缺。我听过人民教育家于漪老师半个小时的小型讲座,她讲语文教师有"三条命":一是性命,那是一种衣食住行的生存状态；二是生命，生命便有精神需求；三是使命，使命就是责任的担当。中国的文化，最典型的表现就是汉字的书写和汉字的阅读，汉字与中华民族相生相伴，汉字的书写与汉字的阅读，其传承发展的水平，语文老师责任重大，也十分光荣。这样的讲解，生动形象而机智幽默，让人爱听，听了印象深刻。于漪在文章和讲话中都提到过："教师一个肩膀挑着学生的现在，一个肩膀挑着国家的未来。"比喻的修辞手法，象征的表现手法，文字与讲话就生动了许多。讲话作文讲修辞，语言就活泼了许多。

我经常去学校听课，也经常为别人上课。在滨海县第一初级中学，我为全县初中骨干教师上了一堂初三作文示范课。45分钟，讲什么和怎么讲呢？一堂课的设计和内容呈现犹如写一篇文章的构思与行文。先确定一个题目：联想、思想、怀想——写好作文的三个想。"联想"是初中语文写作单元的一个知识点。就联想讲联想，也许就是泛泛而说，没有创新。形成"三个想"的逻辑关系，这便有了讲课老师自己的思想含量，这堂课就有了独特性。

为什么高考作文要求"自选角度、自定立意、自拟题目"，平庸的作文一般没有独特的角度，没有新颖的立意。一堂课的优秀与平庸，与写好一篇文章并没有本质的区别。

我曾应邀走进许多学校，为中学生上高考、中考复习课。近几年来，我又先后为南京市中央路小学、南京市三牌楼小学、苏州工业园区胜浦实验小学、苏州吴中区宝带实验小学、苏州工业园区星海小学、扬州市四季园小学、苏州市吴中区越溪实验小学等学校的学生上作文课、文学欣赏课，所用方法同样是遵循"逻辑、语法、修辞"三要素，我尽量做到有角度、思路清晰，有内容、语言流畅，有形象、生动有趣。至于是教师讲得多，还是学生讲得多，并不重要，重要的是学生有获得感，有愉悦感，特别是能帮助学生打开思维的窗口。

用写文章的意识和要求备课、上课，十分有利于教师自身的成长与发展。如一些小学语文教师，面对统编本新教材的作文单元，感觉教起来有困难。是啊，一个单元的作文教学内容及要求，课本上只有二三百字，三分钟就能读完，怎么把这个单元的教学要求转化为40分钟的丰富内容呢？这需要教师精心构思，进行创新、创意和生动的讲解。教师的写作意识与写作能力也就用上了。如三年级下册第一单元的习作"我的植物朋友"，其设计教学内容如同写高考作文，要对着"我的植物朋友"这个话题做文章。

教学过程可分为四步：

一是"说给你听——单元开讲"。开讲得有角度，有标题。如开讲标题叫"一张桌子一朵花"，改编自意大利作家罗大里的一首诗："做一张桌子，需要木头；要有木头，需要大树；要有大树，需要种子；要有种子，需要果实；要有果实，需要花朵。做一张桌子，需要一朵花。"由此，植物的话题就变成了有趣的学习内容。

二是"做给你看——示范引导"。教师可选择一篇与主题有关的散文，并写上旁批和总评，让学生领悟植物的文学意象。

三是"让你参与其中——单元训练"。引导学生自己动笔，一一落实本单元写作训练要求。

四是"助你提升——课程拓展"。以微讲座的方式，为优秀学生提供更广阔的提升空间。

我们可以把这四个步骤归纳为"四维组元能动作文教学法"，由此生发的教学实践又可成为一篇论文，甚至可以成为一个很有创意的实验研究的课题。

"强化文章意识促进课堂创新"，相信很多教师都会对这一观点产生共鸣。而从另一个角度看，精致的课堂又无异于一篇精美的文章。

强化文章意识更能促使教师把教学实践提炼为核心经验，核心经验的形成便具备了写高层次论文的条件，教师的教学水平也更容易得到同行的认可。犹记得2016年，我应邀在江苏省通州高级中学向南通市的高三语文教师介绍高考复习课的经验，我的三点上课体会"内容实在、过程好听、效能可验"，四个备课方法"大数据分析、轻量化设计、模块化集成、清单式操练"，另加两个观点"工匠精神、哲学思维"，引发了许多与会教师的共鸣。

实践证明，"站稳课堂＋写好文章＝教师专业发展"已得到越来越多的教育工作者的认可。

感谢您使用本书。您在使用本书时如有建议或发现质量问题，请联系我们。

【内容质量】电话：4008283622
【印装质量】电话：4008283610

图书在版编目（CIP）数据

师能：怎样写各类教育文稿 / 姚卫伟著 . —南京：江苏凤凰教育出版社，2023.3（2023.7重印）
ISBN 978-7-5743-0555-7

Ⅰ.①师… Ⅱ.①姚… Ⅲ.①教育工作－应用文－写作 Ⅳ.① G51 ② H152.3

中国国家版本馆 CIP 数据核字（2023）第 038615 号

书　　名	师能——怎样写各类教育文稿
作　　者	姚卫伟
出版策划	刘　煜
责任编辑	林　静
封面设计	林嘉颖
出版发行	江苏凤凰教育出版社（南京市湖南路 1 号 A 楼　邮编 210009）
苏教网址	http://www.1088.com.cn
照　　排	南京私书坊文化传播有限公司
印　　刷	江苏扬中印刷有限公司（电话：0511-88420818）
厂　　址	江苏扬中市大全路 6 号（邮编：212212）
开　　本	787 毫米 ×1092 毫米　1/16
印　　张	12.5
版　　次	2023 年 3 月第 1 版
印　　次	2023 年 7 月第 2 次印刷
书　　号	ISBN 978-7-5743-0555-7
定　　价	45.00 元
网店地址	http://jsfhjycbs.tmall.com
公 众 号	苏教服务（微信号：jsfhjyfw）
邮购电话	025-85406265，025-85400774
盗版举报	025-83658579

苏教版图书若有印装错误可向承印厂调换
提供盗版线索者给予重奖